FH-B Wilhelmshaven 839
0 305 677

Bürgel
Controlling von Forschung
und Entwicklung

Controlling von Forschung und Entwicklung

Erkenntnisse und Erfahrungen
aus der Praxis

von

Dr. Hans Dietmar Bürgel
Stuttgart

Verlag Franz Vahlen München

CIP-Titelaufnahme der Deutschen Bibliothek

Bürgel, Hans D.:
Controlling von Forschung und Entwicklung : Erkenntnisse und Erfahrungen aus der Praxis / von Hans Dietmar Bürgel. – München : Vahlen, 1989
  ISBN 3 8006 1414 6

ISBN 3 8006 1414 6

© 1989 Verlag Franz Vahlen GmbH, München
Satz und Druck der C. H. Beck'schen Buchdruckerei, Nördlingen

„I often say that when you can measure what you are speaking about and express it in numbers you know something about it; but when you cannot measure it, when you cannot express it in numbers your knowledge is of meagre and unsatisfactory kind; it may be the beginning of knowledge, but you have scarely in your thoughts advanced to the stage of science whatever the matter may be".

Lord Kelvin, 1883

Vorwort

Herrn Prof. Dr. Günter Danert, der den Gedanken des Forschungs- und Entwicklungscontrolling in den Unternehmen aufgebracht hat, möchte ich für zahllose aus der Praxis geborene Hinweise und die kritische Verfolgung der Arbeit während der Entstehung danken.

Herr Prof. Dr. Hans Gerd Schütte hat mir bei der theoretischen Behandlung der Thematik geholfen.

Für eine langjährige fruchtbare Zusammenarbeit, für zahlreiche Anregungen zur vorliegenden Schrift und für deren kritische Durchsicht danke ich Herrn Manfred Riedinger. Wertvolle Anregungen bekam ich von den Herren Hans Rolf Kunkowsky, Heinz Lappen, Hilmar Schönemeyer und Eberhard Weyrauch.

Die Schreibarbeiten besorgten mit großem Elan Frau Dorothee Mimler und Frau Elvira Belà.

Stuttgart, im Sommer 1989   *Hans Dietmar Bürgel*

Inhaltsverzeichnis

Vorwort V

1.0 Einführung 1
1.1 Die Bedeutung des Controlling für F&E 1
1.2 Die Bedeutung von F&E für das Controlling 4
    1.2.1 Internationales und nationales Umfeld 4
    1.2.2 Ressourcen 6
1.3 Die Bedeutung der Theorie für die Praxis und umgekehrt 8

2.0 Der F&E-Controlling-Prozeß 11
2.1 Planung, Steuerung und Kontrolle als Entscheidungsprozeß 11
2.2 F&E-Controlling-Organisation und die Organisation des F&E-Controllings 17
    2.2.1 F&E-Controlling-Organisation 17
    2.2.2 Organisation des F&E-Controllings 19
2.3 F&E-Leistung 26
2.4 Kosten von F&E (die Software) 29
2.5 Finanzierung von F&E 46
2.6 F&E-Invest (die Hardware) 48
2.7 Berichtwesen über F&E 54

3.0 F&E in Bilanz und Gewinn- und Verlustrechnung 67
3.1 Zukunftsinvestition und Gläubigerschutzprinzip nach deutschen Bilanzierungsgrundsätzen 67
3.2 Von der Nebenrechnung zur Integration in das Betriebliche Rechnungswesen 73
3.3 Tendenzen im Ausweis von F&E nach neueren internationalen Rechnungslegungsvorschriften 74

4.0 Das Management von F&E 77
4.1 Zeitmanagement 77
4.2 Leistungsmanagement 78
    4.2.1 Input und Output als Leistungsdeterminanten 78
    4.2.2 Make or Buy, Joint Ventures und Kooperationen 83
4.3 Kosten- und Bilanzmanagement (Die Deckung der F&E-Kosten) 84
4.4 Der F&E-Bereich als Profit Center 86

5.0 Grundfehler im F&E-Controlling 89

6.0 Literaturverzeichnis 91

7.0 Anhang 93

Sachregister 113

1.0 Einführung

1.1 Die Bedeutung des Controlling für F&E

In Anlehnung an Horváth soll Controlling verstanden werden als die „Informationsbeschaffung und Informationsverwendung bei Planung, Budgetierung, Berichterstattung, Bewertung und Beratung".[1] Forschungs- und Entwicklungscontrolling ist ein funktionsbereichsbezogenes Controlling mit gleichem Inhalt, jedoch spezifisch angewandt auf den Bereich Forschung und Entwicklung. Für diesen existieren seinerseits gute Definitionen, auf die insofern hier nicht eingegangen zu werden braucht, da der Begriff als solcher zur Umschreibung des Betrachtungsgegenstandes ausreicht.[2]

Die Idee des Entwicklungscontrolling hat in letzter Zeit durch die Einsetzung entsprechender Stellen in den Unternehmen zugenommen, eine eingehende Beschreibung der Umstände befindet sich u. a. in der Veröffentlichung von Brockhoff über die Arbeiten eines entsprechenden Arbeitskreises der Schmalenbach-Gesellschaft.[3]

Wie in keiner anderen speziellen Betriebswirtschaftslehre stehen sich allerdings bei F&E-Controlling zwei Welten gegenüber, die manchmal so unvereinbar erscheinen, daß ein Handschlag mit Vereinbarung gemeinsamen Vorgehens schwer zu erreichen ist: die Welt der Betriebswirtschaft einerseits und der Technik oder besser eben der Forschung und Entwicklung andererseits.

In letzterer wird zurecht die Triebfeder der Unternehmensentwicklung gesehen, der Bereich, der fast ausschließlich geistig tätig ist und mit vorwärtstreibenden Ideen eine Firma geradezu überschwemmen kann. Demgegenüber der Wirtschaftler, derjenige, der Ressourcen und Geld zu- und einteilt, die Mittel „verwaltet", – sicher mit der Besonderheit, der Ergebnisverantwortung gerecht zu werden. Aber diese Kenntnisse hat sich der Entwickler „on the job" und nebenher angeeignet, er verhält sich ja schon auch danach und braucht keinen Aufpasser, der ständig nach dem Rechten schaut, einen aber bei der Arbeit so phantastisch behindern kann. Gibt es ihn, so muß er ausgetrickst werden, wo immer es geht, beim Ausfüllen der Stundenbelege ebenso wie bei Genehmigungsgrenzen für Kosten und Investitionen, bei der Personalbeschaffung (wenn's sein muß über eine anderswo gerade noch freie Planstelle) genauso wie bei der Anlagenbeschaffung über Leasing. Hunderte von Beispielen dieser Art könnte man nach einigen Jahren Praxis geben, und Entwicklungscontrolling scheint geradezu in einer Alliteration solcher praktischen Fälle zu bestehen.

---

[1] Vgl. Peter Horváth, Controlling; in: Handwörterbuch des Rechnungswesens, 2. Auflage, 1981, Spalte 364 bis 374.
[2] Bei weiterführendem Interesse vgl. Stifterverband für die Deutsche Wissenschaft (Hrsg.), Allgemeine Richtlinien für statistische Übersichten in Forschung und experimenteller Entwicklung – Frascati – Handbuch II, Arbeitsschrift 1971 C, Essen 1971.
[3] Vgl. Klaus Brockhoff, Controlling in Forschung und Entwicklung der Unternehmen; in: Schmalenbachs Zeitschrift für Betriebswirtschaftliche Forschung, Heft 8/9, August/September 1984, Seite 608 ff.

Tatsächlich besteht Entwicklungscontrolling eben auch in einem gehörigen Schuß Psychologie neben aller Betriebswirtschaft. Man muß wissen, daß man an dem gemeinsamen Strang zieht, der da heißt Überleben des Unternehmens in der Zeit. Jeder Teil hat seine Vorstellung davon, jeder verfolgt mit Sicherheit dahingehende Ziele.

Die Ausgangslage wird so sein, daß die Ziele von F&E einerseits und von Controlling andererseits unterschiedlich sind, und um den gemeinsamen Nenner zu finden läßt sich an einem Rechenwerk für Planung und Beratung von F&E nicht vorbeikommen. Ist es das Ziel des Bereiches F&E in einem Unternehmen, F&E Ergebnisse entsprechend dem „state of the art" hervorzubringen, so ist es das Ziel jeden Controllings, die Produktion – auch die F&E-„Produktion" – unter der Nebenbedingung der Wirtschaftlichkeit zu vollziehen. Diese Aussage beinhaltet Konfliktstoff bis zur gegensätzlichen Betrachtungsweise sowohl von der Theorie als auch von der Praxis her. Natürlich wird der Entwickler sagen, er handle bei seinen Entscheidungen selbstverständlich auch nach wirtschaftlichen Kriterien (z.B. des sparsamsten Mittelverbrauchs). Wie aber wird seine Entscheidung bei einander widerstreitenden Interessen, also eben im Konfliktfall, lauten? Der Entwickler wird sich hier für die Lösung des technischen Problems entscheiden und kann – vielleicht sogar „sollte" – auch gar nicht anders entscheiden, bleibt er seinem Fach treu und löst ein Problem unter Wahrung des technischen Anspruchs, den das Unternehmen an ihn stellt.

Der Wirtschaftler kann diese Bestrebungen oft nur mühsam und sicher auch unvollkommen nachvollziehen, sein „Wissen" ist entlehnt und von der Bereitschaft und Fähigkeit des Entwicklers abhängig, ihm den Stand seiner Überlegungen und Ziele zu vermitteln. Er wird aber umgekehrt von vornherein mitdenken, wenn wirtschaftliche Tatbestände – offen oder verdeckt – angesprochen, ja fast nur gestreift werden, um seine Schlußfolgerung aus dem Gehörten rein nach ökonomischen Gesichtspunkten zu ziehen, voraussetzend, daß er die technische Komponente des Gehörten voll aufgenommen hat (was überhaupt nicht zuzutreffen braucht, – aber der Teil interessiert ihn dann nicht weiter). Die unterschiedliche Betrachtungsweise, die hier angesprochen ist, ist gegenüber anderen vergleichbaren Wissensgebieten zwar nur graduell verschieden, aber eben doch qualitativ entscheidend.

In anderen industriellen Betätigungsfeldern ist die Verbindung bis hin zum Ökonomischen sicherlich vielfach enger und natürlicher als gerade bei F&E. Man denke hier an Handel, Banken, Versicherungen. Gerade bei Versicherungen ist das „Produkt" – die Versicherungspolice – ohne die ökonomische Komponente überhaupt nicht denkbar, sie ist geradezu aus der Ökonomie (statistischen Berechnungen über Lebenswahrscheinlichkeit, steuerlichen Vorteilen, Vorsorgegesichtspunkten und Lebensverdienstkurve) geboren.

Ganz anders die hier in Frage stehende Forschung und Entwicklung. Exemplarisch ist z.B. die in der pharmazeutischen Branche übliche Benennung „ethisches Präparat" eines forschenden Unternehmens. Dieses Präparat wird entwickelt, wird eingeführt, weil der Markt es verlangt, zunächst einmal ohne Betrachtung der wirtschaftlichen Seite. Diese wird natürlich noch hinzugetragen (dafür gibt es auch in solchen Unternehmen noch genügend Kaufleute). Worauf es aber ankommt ist zu zeigen, von welch unterschiedlicher Lage aus an das und damit die Probleme herangegangen wird.

Im vorliegenden Buch wird von diesem Spannungsfeld ausgegangen.[4]

Es wird aber der Versuch unternommen, dieses zum Vorteil des jeweiligen Unternehmens positiv umzumünzen, so daß sich beiden zumindest angenähert wird, nämlich der technischen Bestleistung gepaart mit dem simplen Tatbestand des Überlebens in der Zeit, – der einzigen Rechtfertigung für die wirtschaftliche Betrachtungsweise.

Das Buch soll zeigen, wie diese beiden miteinander konfligierenden Gesichtspunkte in der Praxis der Forschung und Entwicklung vereint werden können. Hier wie anderswo kommt es nicht darauf an, daß Konflikte existieren (diese können sogar ein Zeichen für latent vorhandene Produktivität sein), sondern darauf, wie sie gelöst werden. Wie schnell fällt ein Unternehmen ab und gerät in die Verlustzone, wenn Konfliktfälle ungelöst bleiben. Dann wird nach dem Sanierer gerufen, und der ist meistens ein Kaufmann. Um es dazu nicht kommen zu lassen, sollte es vorher den klug, taktvoll und geräuschlos arbeitenden Controller geben, der die Aufmerksamkeit am Puls des Entwicklungsgeschehens hat, der nicht aufhört, im positiven Sinne zu mahnen und zu verdeutlichen und Konsequenzen aufzuzeigen, und der es auch fertigbringt zu schweigen, wo es auch ohne ihn geht. Aber bestimmt kommen für das eine oder andere Entwicklungsprojekt Momente, wo es nicht so läuft, wie man es sich vorgestellt hat. Ist der veranwortliche Entwickler sich hier des Mitwissens und der bisherigen Unterstützung des Controllers sicher, so kann dieser ihn stützen und aus der Schußlinie nehmen. Allerdings gehört es nun auch für den Controller zu dessen vornehmsten Pflichten, dieses Projekt, dieses Vorhaben, diesen Mann zu verteidigen und mit ihm, nicht gegen ihn, nach Abhilfe zu sinnen. Vertrauen für die nächste Situation wird durch solches Vorgehen gewonnen, nicht mit der Zielrichtung, den Mann auf seiner Seite zu haben, sehr wohl aber, um die nächste Fährnis durch gemeinsame Anstrengung eleganter zu bestehen.[5]

Wenn hier das Wagnis unternommen wird, ein Buch über Entwicklungscontrolling aus der Sicht der Praxis zu schreiben, so ist dafür auch der Gedanke maßgebend, daß nach achtjähriger Praxis mit dem Entwicklungscontrolling in einem Großunternehmen der Elektro-Industrie als verantwortlicher Controller Erfahrungen festgehalten werden sollen, die immer wieder und in jedem forschenden Unternehmen in ähnlicher Weise auftreten können.

Sie sollen als Anregung sowohl für Praktiker als auch für die Wissenschaft dienen. Der Praktiker mag sich im eigenen Umfeld vor ganz ähnliche Situationen gestellt sehen, wie sie hier beschrieben werden, und dann gerne nachlesen wollen, wie eine Lösung vielleicht auch schon einmal versucht wurde.

Die Wissenschaft sollte sich dazu angeregt fühlen, zur weiteren Systematisierung und Verarbeitung der Materie zu kommen. Der Eindruck läßt sich nicht von der Hand weisen, daß gerade die F&E-Betriebswirtschaft noch ziemlich am Anfang steht, daß sogar ein auffallender Mangel an theoretisch sicherem Wissen besteht, so daß Forscher und Entwickler zum Teil zur Selbsthilfe greifen und eigene Vorstellungen von

---

[4] Vgl. hierzu auch Bernd-J. Madaus, Projektmanagement. C. E. Poeschel Verlag, Stuttgart 1984, S. 20f.
[5] Soziologisch gesehen wird dieses Vertrauen umso eher zu erwarten sein, je sicherer der Arbeitsplatz angesehen wird, u. a. auch durch die Tätigkeit des Controllers.

Betriebswirtschaftslehre auf diesem Gebiet erarbeiten. Gerade dieser Tatbestand macht F&E für das gedankliche Durchdringen so hochinteressant.[6]

1.2 Die Bedeutung von F&E für das Controlling

1.2.1 Internationales und nationales Umfeld

Forschungs- und Entwicklungsbemühungen der Unternehmen sind weltweit im Zunehmen begriffen, das entsprechende Controlling nicht. Man hat ganz offensichtlich diesem Bereich über lange Zeit zugetraut, sich allein steuern zu können bzw. war der Meinung, ihn überhaupt nicht steuern zu müssen. Die Ergebnisse würden schon von allein herauspurzeln und so wie sie kommen für die Unternehmen verwertbar sein.

Diese Haltung mag in einem Umfeld richtig gewesen sein, als selbst in „high-tech"-Unternehmen der Anteil der F&E-Aufwendungen an der Wertschöpfung – in Unternehmen der verlässlichste Indikator für die Bedeutung von F&E, sofern veröffentlicht – vielleicht bei 15% gelegen hat (1975). Bis 1985 ist dieser Wert oft auf 25% und mehr gestiegen – eine Zunahme um ⅔ des ursprünglichen Wertes in einer relativ kurzen Zeitspanne von nur 10 Jahren. Dieser eklatante Anstieg bei forschungsintensiven Unternehmen findet dann natürlich seinen Niederschlag auch in der nationalen und internationalen Wertschöpfungsrechnung. Dort lauten vergleichbare Zahlen für den Anteil des F&E-Aufwandes am Bruttosozialprodukt in %:

	1975	1985
USA	2,3	2,8
Japan	1,7	2,7
BRD	2,1	2,8

Bei Vergleich der Firmenstatistiken mit den volkswirtschaftlichen Daten müssen die Werte „gleichnamig", also insbesondere – wegen der Berücksichtigung der Abschreibungen in der Unternehmens-Wertschöpfung – statt des Bruttosozialproduktes das Nettosozialprodukt genommen werden. Weltweite Statistiken sind allerdings eher am Bruttosozialprodukt orientiert, d.h. andere Zahlen nicht verfügbar. Formt man die verfügbaren Zahlen jedoch entsprechend eigener Annahmen um (und erhöht damit die obigen Prozentsätze für die Industrieländer USA, Japan und BRD um rund ⅓) erreicht man Werte, die in der BRD zumindest am Umsatz gemessen (auch hier andere Zahlen nicht verfügbar) z.B. für Durchschnitte ganzer Branchen auftauchen, die also insbesondere nicht nur „high-tech"-Unternehmen beinhalten. Bei dieser Betrachtung wird dann zwar deutlich, daß die „Zugpferde" der F&E in der BRD z.B. die von Großunternehmen dominierten Branchen

---

[6] Vgl. Dieter Bescherner, Betriebswirtschaftslehre für Ingenieure, Die Betriebswirtschaft (48), 1988, S. 233–241.

1.2 Die Bedeutung von F & E für das Controlling

	F&E Gesamtaufwendungen in % vom Umsatz 1985
– Luft- und Raumfahrzeugbau	27,0
– Elektroindustrie	7,8
– Chemische Industrie	4,8
– Automobile	3,7

sind, daß aber auch in mehr mittelständisch strukturierten Branchen und Betrieben der entsprechende Anteil erheblich ist, daß die Werte ähnlich bedeutend bei Unternehmen mit Serienfertigung wie bei Einzelfertigung sind, wie die nachfolgende Aufstellung zeigt:[7]

	F&E Gesamtaufwendungen in % vom Umsatz 1985
– Herstellung von Spalt- und Brutstoffen	18,4
– Elektroindustrie (Unternehmen unter 100 Beschäftigte)	8,6
– Maschinenbau (Unternehmen unter 100 Beschäftigte)	6,5
– Feinmechanik, Optik	5,3

Die Aussage lautet also, daß in zahlreichen Bereichen der Wirtschaft dem Sektor F&E erhebliche Bedeutung zukommt.

Diese Aussage wird noch deutlicher, wenn die Zahlenreihen mit anderen Aufwandsreihen in Beziehung gesetzt werden, so z.B. mit dem Materialaufwand oder den Abschreibungen (denn natürlich muß der zusätzliche Anteil F&E-Aufwand an der Wertschöpfung sozusagen von einer anderen Größe „gespeist" werden). Hierbei ergibt sich nun überraschend, daß diese beiden wesentlichen Einflußgrößen einer typischen Gewinn- und Verlustrechnung nicht etwa abgenommen haben, sondern relativ konstant geblieben sind, der „Ausgleich" mithin anderswo erfolgt sein muß.

Ohne in Spekulation zu verfallen liegt zumindest die Vermutung nahe, daß der Zuwachs auf der Seite der Forschung und Entwicklung eben zu großen Teilen aus dem Ergebnis „finanziert" werden mußte, was ja tendenziell untermauert wird von der abnehmenden Eigenkapitalquote zumindest deutscher Unternehmen.[8]

Die daraus ersichtliche Bedeutung der F&E-Tätigkeiten für das Unternehmensgeschehen und damit für das Controlling wird erst in allerletzter Zeit erkannt. Das ist umso erstaunlicher, als alle Positionen einer Gewinn- und Verlustrechnung im Unternehmen angesprochen sind und außerdem nicht etwa nur die Aufwandsseite, sondern auch die Ertragsseite, – das macht das Anwachsen des zuvor genannten Verhältnisses F&E-Aufwand zu Umsatz noch gefährlicher. Man muß einfach erkennen, daß das – aus Forschung und Produktentwicklung herstammende – Umsatzwachstum durch neu entwickelte Produkte mit der Kostenentwicklung des Bereiches F&E nicht nur nicht

---

[7] Vgl. Stifterverband für die Deutsche Wissenschaft, Essen, Forschung und Entwicklung in der Wirtschaft, 1985, Arbeitsschrift A 1988, S. 48 und S. 51.
[8] Vgl. Horst Albach, Zur Entwicklung der Verschuldung deutscher Industrieaktiengesellschaften, in: Zeitschrift für Betriebswirtschaft, 48. Jg., Heft 11, 1978, S. 1007–1010.

mithält – wie es durchaus normal wäre - sondern sogar ganz erheblich hinterherhinkt. In diesem Sinne ist der Bereich F&E eben nicht nur „Cost Center", sondern eines – wenn nicht vielfach überhaupt das entscheidende – „Profit Center"!

1.2.2 Ressourcen

Von den drei Produktionsfaktoren, Arbeit, Kapital und Boden spielt im Falle F&E nur ersterer eine Rolle, dieser allerdings im entscheidendem Maße. Die Qualität eines einzelnen Forschers, eines Forschungsteams oder einer Entwicklungsmannschaft kann für die Firma von entscheidender Bedeutung sein. Diese Qualität muß nun nicht nur – sozusagen als Einmalaufwand – installiert werden und kann dann Früchte zeigen, sondern sie muß laufend aufrecht erhalten werden, und das kann bei dem schnellen technischen Wandel auch in erheblichen Maße laufende Personalarbeit mit sich bringen. In diesen Fällen muß die „Qualifikationsstruktur" laufend angepaßt werden, ein Vorgang, der sich in der Elektroindustrie gerade jetzt abspielt bei dem Übergang vieler Anforderungen vom Hardware-Konstrukteur zum Software-Designer. Diese Ausführungen führen zur Frage der Beschaffung der Ressource „Arbeit", d. h. der Rekrutierung von Forschern und Entwicklungsingenieuren. Sie sind heute – bei dem „Boom", den dieser Berufszweig im „technischen Zeitalter" genießt – vielfach so gesucht wie vor einigen Jahren der Datenverarbeitungs-Spezialist, – und ein Ende ist noch nicht abzusehen.

Wie sehen nun die entsprechenden Zahlen für dieselben Länder aus, deren Anteile am Sozialprodukt im vorangehenden Abschnitt dargestellt wurden, für die USA, Japan und die BRD, und welche Schlußfolgerung ist daraus zu ziehen?[9]

	Beschäftigte in F&E 1985 in Tausend
USA	1714
Japan	717
BRD	271

Wenn zu Beginn dieses Abschnittes gesagt wurde, daß der Produktionsfaktor „Kapital" bei F&E keine wesentliche Rolle spielt, so muß diese Aussage etwas differenziert werden nach der Altersstruktur, in der sich ein F&E-Bereich eines Unternehmens befindet. Beide Aussagen, die man in dieser Beziehung gelegentlich hört, sind nämlich richtig: Es handle sich bei Ausgaben für F&E um eine „Zukunftsinvestion", und: Der F&E-Bereich müsse sich durch laufende Produktneuentwicklungen sozusagen selbst tragen.

---

[9] eigene Berechnungen aus:
Statistical Abstract of the United States 1988, 108th edition, US Department of Commerce, Bureau of the Census, Washington DC, 1987,S. 376; Japan Statistical Yearbook 1988, Statistics Bureau, Management and Coordination Agency, 1988, S. 2083/84; Horst Hammitzsch (Hrsg.), Japan Handbuch, 2. Aufl., 1984, Franz Steiner Verlag, Wiesbaden, Stuttgart 1984, S. 2273–2274; Stifterverband für die Deutsche Wissenschaft, Forschung und Entwicklung in der Wissenschaft, a. a. O., S. 62.

1.2 Die Bedeutung von F & E für das Controlling

In einer Aufbauphase ist sicherlich der investive Charakter der Betätigung auf dem Gebiete F&E dominierend, man muß bereit sein, verfügbare Mittel eben in diesen Bereich zu schleusen, und sie damit notwendigerweise anderen investiven Verwendungszwecken vorenthalten, weil man sich so einen mittel- oder langfristig höheren „Return" verspricht. Die „Laufzeiten" spielen dabei eine ganz erhebliche Rolle, und zwar kann und muß man diese Betrachtung wieder auf beiden Seiten anstellen.

Bevor ein neueingestellter Entwicklungsingenieur produktiv wird, vergeht Zeit, – ein Jahr ist dabei nicht zu lang bemessen. In dieser Zeit erhält er Gehalt, welches sozusagen von anderen Bereichen und Aktivitäten des Unternehmens getragen werden muß. Ein zweiter Faktor spielt in dieser Anfangszeit ebenfalls eine erhebliche Rolle: Er braucht eine Ausstattung seines Arbeitsplatzes mit notwendigem Gerät. Nach Berechnungen des Stifterverbandes für die Deutsche Wissenschaft betrugen 1985 in dieser Branche die Investitionen für Meß- und Prüfgeräte bzw. Rechner ca. 14 440,– DM, ein Betrag, der zugleich im Durchschnitt aller Branchen liegt. Auf der anderen Seite haben die Produkte, um deren Entwicklung sich der Ingenieur kümmern soll, sowohl unterschiedliche Durchlaufzeiten im Unternehmen und von Unternehmen zu Unternehmen, als auch unterschiedliche „Produkt-Lebenszyklen". Stellt man diese Gegebenheiten in einem Koordinatensystem dar, so würde dieses wie folgt aussehen (Abb. 1):

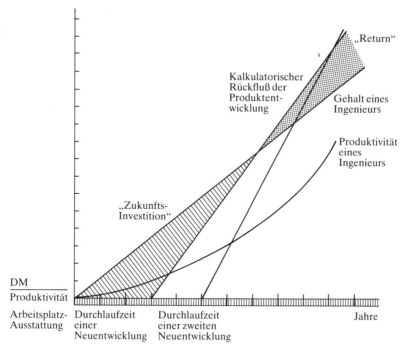

Abb. 1: Schema des Rückflusses aus der Investition für einen Entwicklungsingenieur

Je nachdem, wie die Kurven zueinander verlaufen, vor allem ob mit der Einführung von weiteren Produktinnovationen durch den einen neueingestellten (sicher imaginären) Entwicklungsingenieur – vielleicht bei kürzerer „Durchlaufzeit" – gerechnet werden kann, und schließlich, ob der Produktertrag und damit der „Return" bei fortgeschrittener Laufzeit abbricht und wie, alle diese Einflüsse müssen das Verhalten des Unternehmens in bezug auf auf F&E bestimmen.

Ebenfalls wird bei einer solchen Darstellung deutlich, daß zu Beginn eine investive Phase mit Netto-Cash-Abfluß durchlaufen werden muß, die unter den gegebenen Annahmen später in das Gegenteil umschlagen kann, wobei für den Verlauf sehr viele Varianten denkbar sind.

Auf einen weiteren Tatbestand soll hingewiesen werden, der eine moderne Abart des aus der Industriebetriebslehre bekannten „Lohmann-Ruchti-Effektes" darstellt. Werden – gemäß der Darstellung im Schaubild – aus der Person des besagten Entwicklungsingenieures bzw. durch die von ihm hervorgebrachten Produktentwicklungen, kalkulatorische Erträge erwirtschaftet, die über sein Gehalt bzw. dessen Zuwachs hinausgehen (ist er, um im Bilde von Lohmann-Ruchti zu bleiben, sozusagen „abgeschrieben", erreicht er aber seine höchste Produktivität erst danach), so kann eine Multiplikatorwirkung dadurch hervorgerufen werden, daß die Neigung besteht, aus den erwirtschafteten Erträgen dank des gezeigten Erfolges weitere Ingenieure einzustellen und auf denselben Verlauf des Kurvenpaares zu hoffen. Wie in der Industrie kann aber auch hier der zukünftige Verlauf einmal abkippen und dann sehr schnell zu „Investitionsruinen", sprich nicht schnell abbaubaren (remanenten) Entwicklungsingenieurhalden führen.[10]

Aus diesen Bemerkungen dürfte ersichtlich geworden sein, wie früh Controller-Tätigkeit einsetzen kann, um F&E im Unternehmen so wirtschaftlich wie nur möglich zu gestalten bzw. besser, einzufädeln.

1.3 Die Bedeutung der Theorie für die Praxis und umgekehrt

Tief verwurzelt ist bei Forschern und Entwicklern die Ansicht, daß ihre Partner vom Fach „Finanzen" in den Unternehmen im Grunde für die „Verwaltung" im breitesten Sinne zuständig sind, und dazu gehört schließlich auch die „Verwaltung" des Geldes. Die Betonung liegt dabei auf „Verwaltung", und das kann im simpelsten Falle heißen, das Verwalten von Hardware (z. B. Zeichnungen, Dokumente, dann Personal, aber auch Laborgerät), im mehr finanzbezogenen Sinne das Verwalten von Budgets (also das Ausstellen von Beschaffungsanträgen aus genehmigten Budgets, überhaupt das zeitgerechte Zurverfügungstellen von Finanzmitteln zur Fortsetzung der eigentlichen, nämlich der Entwicklungsarbeit).

Sehr selten ist die Auffassung anzutreffen, daß z. B. Controlling – oder wenn der Begriff im Hause nicht eingeführt ist: das Finanz- und Rechnungswesen – eine eigenständige Disziplin mit vergleichbaren Zielen und Werten ist, die der technischen Komponente eine kaufmännische im Sinne der „Informationsbeschaffung und -verwendung bei (kaufmännischer) Bewertung und Beratung" hinzufügt (so die Aussage

---

[10] Dieser Vorgang läßt sich aus jüngsten Veröffentlichungen bei Nixdorf ablesen.

zu Beginn dieses Buches von Horváth). Was heißt das aber, was kann das heißen, was muß das heißen?

Es hat den Anschein, als wäre mit diesen Fragen das Dilemma des Controllings ganz allgemein und damit auch das Dilemma des F&E-Controllings angesprochen. Wirtschaftliche Optimierung war schon immer der Inhalt des Faches Betriebswirtschaftslehre, und dieses Fach wird zumindest seit Schmalenbach auch in der Betriebsführung praktiziert, d.h. seit mindestens 60 Jahren. Auch Entwicklungstätigkeiten gibt es nicht erst seit wenigen Jahren, sondern entwickelt wird, seitdem es industriell gefertigte Produkte gibt, also länger als die oben angegebenen 60 Jahre. Beide Disziplinen haben sich also in der Praxis aneinander gewöhnen können, und genau das ist das Problem: die technische Seite hat die kaufmännische Seite aufgenommen und sich einverleibt als so simplen Tatbestand, daß darüber gar nicht weiter diskutiert zu werden braucht. Natürlich – wird jeder Entwickler sagen – muß ich in allen meinen Betätigungen absolut unter Wirtschaftlichkeitskriterien handeln. Es ist immer wieder erstaunlich, wie bei einzelnen Personen innerhalb der Technik dieser theoretische Anspruch und die dazugehörige praktische Haltung ausgeprägt sind, – man denke z.B. an die Entscheidungsvorbereitung bei der Auswahl von Rechnergenerationen und entsprechende Verhandlungen mit Lieferanten. Dasjenige Moment, was dann zusätzlich noch hinzukommen muß, um den Apparat „Firma" am Laufen zu halten, ist wirklich nur der Teil „Verwaltung", – an der Entscheidung selbst gibt es nichts mehr zu deuten, – sie ist gefallen.

Controlling heißt aber kaufmännische Bewertung und Beratung, sprich Entscheidung. Controlling mischt sich also in die genannten Prozesse der Entscheidungsfindung und -Vorbereitung ein, – und genau das stößt auf bewußten oder unbewußten Widerstand. Durchsetzen wird sich der betriebswirtschaftlich-theoretische Gedanke in der Praxis des Entwicklungsgeschehens aber erst dann, wenn die qualitativen Merkmale dieser Disziplin ausgespielt und vom Partner realisiert werden. Das muß dann aber mehr sein, als „alter Wein in neuen Schläuchen". In einem Aufsatz über die „Bedeutung der Theorie für die Praxis"[11] aus der Feder eines Technikers wird ausgesprochen, worin dieses Mehr bestehen könnte:
– ganzheitliche Betrachtungsweise des Wirtschaftlichen
– Berücksichtigung der Dynamik des Wirtschaftsgeschehens.

Mit großer Wahrscheinlichkeit wird der Forscher und Entwickler bei der Optimalitätssuche aus seiner Sicht auch bei seinem Bereich Halt machen, also – in der Sprache der Wirtschaft: suboptimieren. Der Controller kann und muß dieses Optimum in einem größeren Zusammenhang beleuchten und damit erneut nach dem Optimum suchen. Beispiel: Die Planung des Personaleinsatzes für ein Entwicklungsprojekt und das Einfügen einer „Kürzungsaktion" aus der Kenntnis des Personalmarktes mit der Limitierung der Beschaffungsmöglichkeit für bestimmte Qualifikationen.

Märkte und Produkte entwickeln sich heute in einer Schnelligkeit weiter, daß es sozusagen auch das zeitliche Optimum der Forschung, Entwicklung, Produkteinführung und des Produktauslaufes zu erfassen gilt, um wiederum nicht nur Suboptima anzusteuern. Auch dafür wieder ein Beispiel: In der Kommunikations- und Informa-

---

[11] Gerhard Zeidler, Moderne Unternehmensführung, Vortragsreihe der Standard Elektrik Lorenz AG, 1987, Seite 19.

tionsindustrie lösen sich technische Lösungen einander ab, bevor diese überhaupt das Stadium breiter Produkteinführung erreicht haben. BTX wird deshalb nicht angenommen, weil anwendungsgerechtere Lösungen wie ISDN schon sichtbar werden, das Beharren auf Entwicklungsarbeiten an BTX zwar vielleicht technisch reizvoll ist, aber nur Geld kosten, kein Geld bringen kann.

Die zu Beginn dieses Abschnittes aufgeworfene Frage, was kann, was muß der Controller additiv hinzutun, um seinen Anspruch als Steuermann und Lotse gerecht zu werden, kann also damit beantwortet werden, daß er einerseits wirtschaftlich umfassend denkt und handelt, andererseits die Veränderungsrate wirtschaftlicher Optimalitätskriterien berücksichtigt, – beides Gesichtspunkte, die der technische Partner ex definitione nicht in sein Kalkül aufnehmen kann und muß.

Genauso wie nun die betriebswirtschaftliche Theorie auf die Praxis des Entwicklungsgeschehens ausstrahlen kann und – wie beispielhaft gezeigt – in eigenständiger Weise auch muß, genauso muß sich umgekehrt die Betriebswirtschaft aufmachen, um diese neuen Entwicklungen zu rezipieren. Genauso, wie es eine Betriebswirtschaft des Handels, der Banken, der Versicherungen, der Industrie gibt, wird es unumgänglich sein, zu einer Betriebswirtschaft von F&E zu kommen, wenn nicht – wie gesehen – das Terrain ganz den Technikern selbst überlassen werden soll. Auch das wäre nicht weiter zu beklagen, wenn es nicht drängende Aufgaben gäbe, bei denen sich beide Bereiche einander befruchten könnten und müßten.

2.0 Der F&E-Controlling-Prozeß

2.1 Planung, Steuerung und Kontrolle als Entscheidungsprozeß

Entsprechend der anfänglich gegebenen Definition findet Controlling seine Ausprägung im betrieblichen Geschehen in einem jeweils simultan ablaufenden und auf Entscheidung gerichteten Prozeß von Planung, Steuerung und Kontrolle. Diese drei Elemente gehören innerlich zusammen, keines von ihnen ist Selbstzweck. Im einzelnen heißt das folgendes: Mit der Planungsarbeit wird – zumindest theoretisch – begonnen. Praktisch wird diese Feststellung nicht immer zutreffen oder zugetroffen haben, denn viele – vor allem mittelständische – Unternehmen werden Planungen erst später aufgenommen haben, nachdem sie schon viele Jahre vorher existierten und bei weniger rauhem Geschäftsklima auch durchaus haben existieren können.

Die (strategische) Planung bei F&E muß sich zu Beginn – wird also ein solcher einmal angenommen – auf die Höhe des F&E-Budgets und seine Verteilung auf Projekte richten.[12]

Jedes Unternehmen steht vor der Frage, wie stark eine Abteilung F&E ausgebaut werden und womit sie sich jeweils beschäftigen soll. Der Zusammenhang zwischen Entwicklungstätigkeit und Unternehmenserfolg ist dem Praktiker klar und wird in der Literatur immer wieder betont.[13]

Die Unternehmen richten sich auf diesen Sachverhalt durch ihr praktisches Verhalten ein, selbst wenn dem noch keine ins einzelne gehende Planung darüber zugrunde liegt. Bekannt ist z.B. auch, daß sich bei gesehener Kostensenkungsnotwendigkeit nirgends (vermeintlich) schneller Einsparungen erzielen lassen, als auf dem Gebiet Forschung und Entwicklung. Es handelt sich schließlich zum überwiegenden Teil um Personal- und vom Personalstand abhängige, das heißt im klassischen Sinn um variable Kosten. Daß derartige Maßnahmen heutzutage mit dem Betriebsrat zu besprechen und damit u.U. nicht so kurzfristig zu realisieren sind wie gewünscht, steht auf einem anderen Blatt.

Natürlich werden zunächst einmal die Möglichkeiten zu F&E von Unternehmen zu Unternehmen verschieden sein. Ein Unternehmen in der Verlustzone wird anders an diese Frage herangehen, als eines mit ausreichendem Gewinn.

Aber selbst Unternehmen, die sich in der Gewinnzone befinden oder in sie hineingelangen wollen, müssen sich entscheiden, ob sie den Aufwand für Entwicklung oder zusätzlich gar für Forschung auf sich nehmen wollen, und wie er sich für sie lohnt.

---

[12] Vgl. Wilhelm H. Bierfelder, Innovationsmanagement. R. Oldenbourg Verlag, München-Wien 1987, S. 93.

[13] Hierbei ist u.a. auch zu berücksichtigen, daß es durchaus rationalem Verhalten entspricht, wenn F&E-Abteilungen ihre Budgets maximieren und sich zu verselbständigen drohen; neben der „span of control" und dem Wachstum der Unternehmung ist es das geeignetste Mittel, eigene Promotionschancen zu erhöhen.

2.0 Der F&E-Controlling-Prozeß

Angesprochen ist hier die Unternehmensleitung, je nach Größe des Unternehmens evtl. auch die Leitung eines Geschäftsbereiches (natürlich unter Hinzuziehung der Meinung des Forschungs- und Entwicklungsbereiches selbst).

In der gegenwärtigen Phase einer gewissen Dominanz der Technik in der Unternehmensführung ist zur Beantwortung dieser Frage vielleicht eine empirische Untersuchung dienlich, die von Otto H. Poensgen und Helmut Hort durchgeführt worden ist.[14]

Die Frage war, ob höherer F&E-Aufwand sich lohnt. Die Antwort: „Dies ist der Fall; für die Firmen mit relativ hohem F&E-Aufwand ist die Rendite deutlich (10,8% vs. 6,7%) höher und statistisch signifikant... Überraschenderweise gilt dies auch, ja besonders ausgeprägt, für die Teilstichprobe der kleinen Firmen... Teilen wir die Stichproben statt nach Firmengrößen nach Firmen in nicht F&E-intensiven und Firmen in F&E-Wirtschaftszweigen, so erweist sich, daß auch für Firmen in nicht F&E-intensiven Industrien ein relativ hoher F&E-Aufwand sich lohnen kann." Retrograd gerechnet drückt sich das dann aus in x % F&E vom Umsatz oder der Wertschöpfung, bzw. y Mannjahren als Personalstamm. Diese Version ist durchaus nicht unbestritten, ja mit dem Hinweis auf ebensolche empirischen Ergebnissen wird z.T. sogar genau das Gegenteil vorgebracht bzw. auf indifferente Ergebnisse hingewiesen.[15]

Das jeweils in Frage stehende Unternehmen muß in der jeweiligen Situation diesen Punkt für sich entscheiden, wichtig ist, daß die Entscheidung überhaupt getroffen wird.

Für die nächste Frage, nämlich für welche Projekte, Themen, Fälle oder Produkte die vorhandenen bzw. bereitzustellenden Mittel einzusetzen sind (Alternativenauswahl), gibt es, anders als im Falle der Höhe des F&E-Budgets, zumindest theoretisch eindeutige Lösungen. Sie sind einzuteilen in finanzwirtschaftliche und Nutzwertverfahren.[16]

Im ersten Falle kommen die gebräuchlichen finanzmathematischen Abzinsungsverfahren zukünftiger Geldströme zur Anwendung, also zukünftige Nettogewinne aus einem Projekt dividiert durch die Forschungs- und Entwicklungsaufwendungen dafür. Nutzwertanalysen bauen demgegenüber zunächst einmal auf Kriterienlisten verbaler Art auf, die in einem späteren Moment evtl. in Koeffizienten umgewandelt werden können.

Beide Vorgehensweisen leiden jedoch in der Praxis unter erheblichen Nachteilen. So müssen bei den finanzwirtschaftlichen Verfahren Zähler und Nenner Daten zum selben Projekt aufnehmen, und dabei wird man feststellen müssen, daß erstens heutige Entwicklungsanstrengungen sehr weit in die Zukunft reichen und da diffus werden. Welche „Entwicklungsmark" soll in welcher Höhe welchem Zukunftsprojekt

---

[14] Otto H. Poensgen und Helmut Hort, F&E-Aufwand, Firmensituation und Firmenerfolg; in: Schmalenbachs Zeitschrift für Betriebswirtschaftliche Forschung, Heft 2, Februar 1983, Seite 91.

[15] Vgl. Klaus Brockhoff, Technologischer Wettbewerb – seine Erfassung, Steuerung und die Umsetzung in Markterfolge, Kiel, Juli 1987, S. 115.

[16] Vgl. dazu im einzelnen Klaus Brockhoff, Bewertung und Kontrolle von Forschung und Entwicklung; in: RKW-Handbuch Forschung, Entwicklung, Konstruktion (F&E), Erich Schmidt Verlag, Berlin 1976, Kapitel 4700, Seite 13.

zugerechnet werden, weiß man doch, daß es „Spin-off"-Effekte gibt, bei denen Entwicklungsergebnisse gar nicht nur in dem gedachten, sondern in ganz anderen Projekten zusätzlich ihren Nutzen offenbaren. Zweitens setzt das Vorgehen ein Maß an Genauigkeit in der Kostenzuordnung voraus, welches nicht immer erwartet werden kann. Jede Art von Budgetdenken, die einem Projekt nur deshalb Kosten zuordnet, weil der Titel noch aufnahmefähig ist, tut so z. B. dem späteren Resultat von vornherein Abbruch.

Auch bei den Nutzwertverfahren sind Zweifel in bezug auf deren Genauigkeit angebracht. Brockhoff führt in dem schon zitierten Beitrag gleich sechs solcher Warnungen auf:

- die Auswahl der Zielarten und ihre Operationalisierung wird häufig willkürlich gehandhabt
- willkürlich zusammengefaßte Daten des Entscheidungskalküls lenken von den angestrebten Zielen ab
- durch Festlegung der Nutzenindices und der Gewichtungen kann die Projektbewertung verzerrt werden
- soweit eine Nutzenbewertung der Projekte für einzelne Zielarten mit Bewertungskennziffern vorgenommen werden soll bleibt offen, ob diese unabhängig von der Verteilung der Gewichtungen für die Zusammenfassung der Zielarten erfolgen kann.
- je stärker dem Bewertungsverfahren eingebaute Standardannahmen die Schätzung der projektspezifischen Daten ersetzen, desto weniger anwendbar sind Nutzwertverfahren
- je gröber Nutzwertverfahren sind, und je weniger ihre Voraussetzungen bei den Anwendungen betrachtet werden, desto eher ist ein Anstieg der ‚Kosten' der Fehlentscheidung zu erwarten.

Dennoch wird die Unternehmensleitung in der konkreten Unternehmenssituation auch bei der Mittelallokation auf Projekte nicht umhin kommen, zu entscheiden. Das heißt dann entweder, in einen bereits festgelegten „Gesamttopf" die für erforderlich gehaltenen Projekte einzufügen, oder sich an dieses obere Limit durch mehr und mehr gewollte Projekte heranzutasten. Wenn dabei nicht eindeutige Aussagen entsprechend der genannten Verfahren die Entscheidung nahelegen, so wird schließlich doch eine Rangfolge praktiziert werden müssen, die womöglich die heterogensten, auch nicht überprüfbaren Elemente mitbeinhaltet. Das können dann sein:

- kurzfristige Erfolge zählen mehr als weiter in der Zukunft liegende, auch wenn diese höher oder auch nachhaltiger sind
- eine Forschungsarbeit, eine Entwicklungstätigkeit wird aus den verschiedensten Gründen bewußt nicht angegangen
- eine Firma ist auf einem Spezialgebiet so eingeführt, daß die Entwicklung einer nächsten Gerätegeneration mitgemacht werden muß, auch dann, wenn diese sich in Konkurrenz zu Alternativen nicht so gut „rechnet"
- die Tatsache, daß es sich um einen Entwicklungskontrakt handelt, erlaubt die Aktivierung entsprechender Aufwendungen in der Bilanz, so daß sie zunächst nicht „ergebniswirksam" werden und eher eingegangen werden können

- Vertragsstrafen bei der Nichtberücksichtigung der einen Entwicklungsaufgabe werden in geringerem Ausmaß erwartet als bei einer konkurrierenden alternativen Aufgabe
- ein „Entwicklungszuschuß" innerhalb eines Konzerns läßt eine Entwicklungsaufgabe wiederum als nicht ergebniswirksam erscheinen (obwohl ihr natürlich mit großer Wahrscheinlichkeit eine Zentralentwicklungsumlage vorausgegangen ist, die ihrerseits mit Sicherheit auf das Ergebnis durchschlägt)
- bei Mangel an geeignetem Fachpersonal (z. B. für hochspezialisierte Softwareaufgaben) wird durch Leasingkräfte oder Konzernabstellungen in der Planung der Eindruck erweckt, als sei das Projekt machbar, um sich so „gesundzurechnen"
- innerhalb konkurrierender Aufgaben wird durch planerische Umstellung von Personal geglättet, um gewisse Aufgaben als „Erinnerungsposten" festhalten und darauf hoffen zu können, daß sich das Problem im Rahmen zukünftiger Planungssteps von selbst löst
- eine F&E-Arbeit wird bewußt abgebrochen, um sich einem anderen Gebiet, einer anderen Arbeit zuwenden zu können (no-go-decision auf einem Gebiet induziert eine go-decision auf einem anderen).

Selbst das alles muß von vornherein nicht nachteilig sein wenn sichergestellt ist, daß alle Beteiligten sich diesen Entscheidungen unterwerfen und sie dokumentiert werden, so daß in der nächsten Planungsrunde dieselben Beteiligten wieder an diese Beschlüsse erinnert und in dieselben Bahnen gelenkt werden (andernfalls das Ruder jedesmal herumgeschmissen würde mit der Folge entsprechenden Effizienzverlustes der Entwicklungsarbeit).

An dieser Stelle wird der Schritt von Forschungs- und Entwicklungscontrolling hin zum Forschungs- und Entwicklungs- Management vollzogen. Entscheidungen zu treffen ist primär nicht Aufgabe des Controllers, sondern des Managers, obwohl auch wiederum nicht zu verkennen ist, daß sachlich gut vorbereitete Entscheidungsunterlagen letztendlich die Entscheidung nahelegen, wenn nicht präjudizieren. Die Gestaltung des Prozesses der betrieblichen Willensbildung ist eine organisatorische Frage.[17]

Nach dem vorangegangenen Abschnitt, in dem die Bedeutung, welche eine obere Limitierung der Entwicklungskosten und die Verteilung dieses Limits auf Entwicklungsprojekte hat, herausgestellt wurde, wird es nicht überraschen, wenn die Schlußfolgerung daraus gezogen wird, daß dieses obere Limit, nunmehr pro Projekt oder größerem Vorhaben den planenden und ausführenden Entwicklungsabteilungen als Entwicklungs-Zielvorgabe vor Beginn einer Planungsstufe mitzuteilen ist. Das ist u. a. auch schon aus dem Grund erforderlich, daß es für einen großen Bereich Forschung und Entwicklung typisch ist, wenn mehr Entwicklungsprojekte „in petto" sind, als die Firma aus den genannten Limitierungsgesichtspunkten heraus durchführen kann.

Es hat sich als vorteilhaft erwiesen, den Entwicklungsabteilungen bzw. den Entwicklern vor Beginn einer Planung dieses obere Limit mitzuteilen und eine Vorgabe darüber zu machen, bei welchem Projekt mit welchem „Plafond" in einem bestimm-

---

[17] Vgl. hierzu: Gerhard Zeidler, Neue Dimensionen von Forschung und Entwicklung durch akzelerierende Technologieschübe, in: Forschungs- und Entwicklungsmanagement, herausgegeben von Hans Blohm und Günter Danert, C. E. Poeschel Verlag, Stuttgart 1983, S. 90.

ten Planungszeitraum umgegangen werden kann. Dieses Limit kann in Personal oder in Geld ausgedrückt werden, beim Geld in „ergebniswirksamen" oder im „Gesamt"-Geld für F&E, je nachdem, ob irgendwelche Zuschüsse oder Kontraktfinanzierungen abgezogen werden können oder nicht.[18]

Wie alle Ziele oder Standards müssen diese einerseits anspruchsvoll, dann aber auch wieder erreichbar sein. In diesem Spannungsfeld wird ein Entwickler davon ausgehen, daß er in seine Anträge um knappe Ressourcen Luft einbauen muß, wenn er schließlich die Mittel erhalten will, ohne die er nicht glaubt auskommen zu können. Diese „Luft" kann mit dem Vorgehen über Vorgaben „herausgelassen" werden, denn sie ist unrealistisch auf beiden Seiten. Damit wird zumindest eine Iteration in der Planungsarbeit vermieden, nämlich die Abstimmung über die Höhe des Budgets, und vermutlich kann die Verteilung der vorhandenen Ressourcen auf Projekte ausgewogener vorgenommen werden. Voraussetzung für ein solches Vorgehen ist natürlich, daß die Vorgaben glaubwürdig und überprüfbar ermittelt wurden, so daß die Partner auf der durchführenden Seite keine Schwierigkeiten haben, sie anzuerkennen. Die Arbeit, die in diese Vorgaben hineingesteckt wird, erspart hinterher ein Vielfaches an planerischer Korrekturarbeit und noch mehr für den Fall, daß solche Ziele nicht gesetzt wurden.

Sie müssen natürlich früh genug herausgegeben werden, um es den Planenden zu ermöglichen, sich durch (dann notwendige) interne Abstimmprozesse auch wirklich darauf einzurichten. Das Vorgehen kann es durchaus mit sich bringen, daß von Seiten der Entwicklungsabteilungen versucht wird, durch provokatorische Mittelallokation (von der Unternehmensleitung befürwortete Projekte werden gering dotiert) doch noch eine höhere Mittelzuweisung ihres Projektes zu erhalten. In jedem Fall sollte es bei dem einmal gesetzten Gesamtlimit bleiben und lediglich im Rahmen der Projektallokation versucht werden, die allseitigen Vorstellungen so zu berücksichtigen, daß mit einem Gesamtoptimum für das Unternehmen gerechnet werden kann.

Mit dem Thema Zielvorgaben, Portfolio und Standards wird ein völlig neues Gebiet des F&E-Controllings betreten, liegt doch dem Entwickler das Arbeiten nach Standards jedenfalls auf den meisten Gebieten völlig fern.[19]

Auffallend, daß sich die Theorie dieses Themas bisher ebenfalls nicht angenommen hat, denn an sich liegt es nahe, das Gedankengut der Industriebetriebslehre (mit Taylor, REFA, Fayol) auf Entwicklungstätigkeiten zu übertragen. Dieser Gedanke müßte eigentlich umso näher liegen, da mit der Planung der Regelkreis des Controlling begonnen wird, der zur laufenden Steuerung führt und in Kontrolle, die ihrerseits

---

[18] Dieselbe Vorgehensweise hat sich im übrigen auch bei den zur Verfügung stehenden Investmitteln als vorteilhaft erwiesen, um den Rahmen der Kosten – über evtl. zu hohe Abschreibungen – nicht zu sprengen, dann aber insbesondere auch – ebenso wie bei den Kosten – um unnötigen Planungsschleifen von vornherein aus dem Weg zu gehen.

[19] Auf dem Gebiet der Software-„Entwicklung" ist das vielfach schon nicht mehr der Fall, sind doch für diese Tätigkeiten oft schon „templets" vorhanden mit Angabe darüber, wieviel „statements" von einem Entwickler pro Jahr zu erarbeiten erwartet wird (je nach Berufsausbildung und Erfahrung zwischen 1000 und 2000). Vgl. hierzu auch: Martin G. Möhrle, Das FuE-Programm-Portfolio: Ein Instrument für das Management betrieblicher Forschung und Entwicklung, in: Technologie und Management, Heft 4/88, S. 12ff.

wieder der Ausgangspunkt der nächsten Planungsrunde ist, mündet. Auf Planungsvorstellungen hin kann aber umso eher gezielt gesteuert werden, wenn es sich um realistische Werte handelt und wenn der Planungsmühe die Befriedigung folgen kann, das Gewünschte auch wirklich erreicht zu haben. Nur das wird – und das kann nicht genug unterstrichen werden – „kontrolliert" in dem Sinne, den laufenden Steuerungsmechanismus zum Erreichen der Planziele leichter und eleganter betätigen zu können. Sowohl „Planung" als auch „Steuerung" verfolgt den einen Zweck, nämlich Steuerung industrieller, hier von Entwicklungstätigkeit auf vorher selbst gesetzte Ziele, beides verliert seinen Sinngehalt, wenn es als Selbstzweck aufgefaßt wird. Dann ist in der Tat die Rede von dem „Zahlenfriedhof", den eine Planung hervorgebracht hat, dem keine Aktionen folgen, dann wird der Controller zum „Oberkontrolleur", der zu monieren anfängt, wenn Abweichungen zu Planzahlen auftreten oder überhaupt – möglicherweise aus selbst gesetzten Regeln des „normalen" Geschäftsablaufs heraus – Ereignisse auftreten, die vermeintlich nicht ins Bild passen, ohne Rücksichtnahme auf mittlerweile eingetretene andere Ereignisse oder Umstände, die den fraglichen Tatbestand in völlig neuem Licht erscheinen lassen müssen. Es muß ganz gleichgültig sein, ob Planwerte erreicht werden oder nicht, wenn es neue Ereignisse im Hinblick auf die gesteckten Ziele geboten erscheinen lassen, diese Planwerte selbst den neuen Gegebenheiten anzupassen, oder noch überspitzter: wohlverstandenes Controlling zeichnet sich gerade dadurch aus, daß nicht auf das Eintreffen von Planwerten gewartet wird, sondern daß einer Veränderung mit geänderter Steuerung begegnet wird, ja möglicherweise sogar Ziele neu formuliert werden müssen (wandernde Zielsetzung).

Nach dieser Auffassung findet ein „Kontrollieren" um seiner selbst willen im Entscheidungsprozeß des F&E-Controlling nicht statt. Trotzdem ist nicht zu verkennen, daß gerade unter der F&E-Belegschaft diese Ansicht vorherrscht in dem Sinne, daß Controlling sich genau darauf erstrecke nachzuprüfen, ob ein Posten im Sinne des Erreichten abgehakt werden kann. Wie schon beschrieben findet sich auch bei Vorgesetzten diese Haltung unter dem Gesichtspunkt, daß dann die mitlaufende Kontrolle stattgefunden hat, ein „Plazet" der Finanzseite erfolgt ist und nun wieder an weiteren Entscheidungen gearbeitet werden kann (auch dann, wenn diese hochbrisante finanzielle Konsequenzen mit sich bringen, die nach dem zuvor Gesagten ureigenstes Controller-Betätigungsfeld im wohlverstandenen Sinne berühren).

Um keine Mißverständnisse aufkommen zu lassen: natürlich muß auch „kontrolliert" werden, Kontrolle ist, wie in der Überschrift zu diesem Kapitel schon zum Ausdruck gebracht, integraler Bestandteil des entscheidungsorientierten Controlling-Prozesses. Bloß ist Kontrolle in diesem Sinne nur Mittel zum Zweck, und der Zweck heißt Steuerung. Unabdingbare Voraussetzung ist, daß jederzeit exakt Rechenschaft über den finanziellen Stand des zu verantwortenden Gebietes gegeben werden kann (ganz gleichgültig, ob es sich dabei um die kleinste Einheit eines Arbeitspaketes oder die größte Einheit eines Programmes handelt). Kontrolle ist selbstverständlicher Teil, ist Technik, aber ist eben kein Selbstzweck. Aus dem Ergebnis der Kontrolle sind Schlüsse in bezug auf Steuerung und Planung zu ziehen. Eine Konsequenz des Steuerungsprozesses kann allerdings sehr wohl lauten, daß die Abweichung als solche nicht toleriert wird, daß der betreffende Verursacher zur Rechenschaft gezogen und für die Zukunft auf Einhaltung der Vorgaben gedrungen wird.

Der Regelkreis ist abgeschlossen, sobald die Steuerungsaktivitäten und Kontrollergebnisse in einer neuen Planung Eingang finden, die durchaus ein schon „geplantes" Jahr wiederaufnehmen kann, aber eben die neusten Erkenntnisse berücksichtigt und vielleicht auch neue Ziele anspricht. Insofern handelt es sich auch um einen ständig sich wiederholenden, aus sich heraus wachsenden Prozeß (= Regelkreis).

2.2 F&E-Controlling-Organisation und die Organisation des F&E-Controllings

2.2.1 F&E-Controlling-Organisation

Abhängig davon, wie der F&E-Bereich selbst im Unternehmen organisiert ist, lassen sich grundsätzlich zwei Grundmuster der Aufbauorganisation auch des F&E-Controlling unterscheiden: zentralisiert oder dezentralisiert. Diese beiden Muster lassen sich gut an ein- und demselben Bild verdeutlichen (Abb. 2 und 3). Abb. 2 zeigt zentralisierte Forschungs- und Entwicklungsabteilungen, funktional gesteuert von den Leistungsbereichen. Denkt man sich die Produktbereiche erweitert um die jeweiligen Entwicklungsabteilung und entsprechend reduziertem Stab, so gelangt man zur dezentralen Lösung (Abb. 3). Dementsprechend kann der Entwicklungsbereich entweder einem zentralen (Entwicklungs-)Controlling zugeordnet sein, oder der Produktbereichscontroller hat mit die Zuständigkeit für das (Entwicklungs-)Controlling.

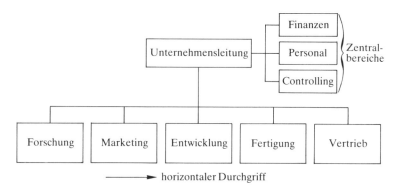

Abb. 2: Funktionale F&E Organisationsform im Unternehmen (Beispiel, vereinfacht)

Argumente für eine zentrale Entwicklung bzw. für ein zentrales Entwicklungscontrolling sind:

- Gegenseitige Förderung von Intuition und Kreativität in der Entwicklungsarbeit und der ihr vorgelagerten Forschung.
- Pooling der Entwicklungsressourcen mit interner Ausgleichsmöglichkeit und Übergabe der Entwicklungsergebnisse an interessierte benachbarte Bereiche.

Es ist klar, daß die Bewertung der Situation von den ergebnisverantwortlichen Produktbereichen anders gesehen wird und auf folgende Nachteile der Zentralisation hingewiesen wird:

2.0 Der F&E-Controlling-Prozeß

- Loslösung des Entwicklungsbereiches vom Vertriebsgeschehen und damit nicht ausreichendes Termin-, Kosten- und vor allem Marktbewußtsein.
- Tendenz zu Doppelarbeit.

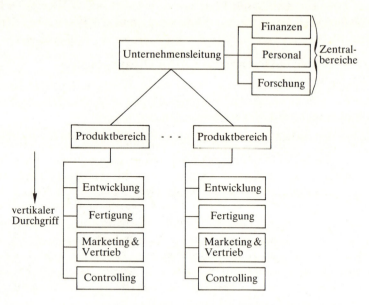

Abb. 3: *Divisionale F&E Organisationsform im Unternehmen (Beispiel, vereinfacht)*

Das Abwägen dieser Gesichtspunkte hat in Theorie und Praxis zu Aussagen geführt, die in jedem konkreten eigenen Problemfall als Richtschnur benutzt werden können. Thomas J. Allen hat sie wie folgt formuliert: „So the optimal form of organization for the research and development laboratory is determined by three parameters. The rate of change of the knowledge base determines the extend to which engineers must be organized to assist them in keeping current through colleague contact. The interdependency among sub-systems and problem areas within the project determines the extent to which intra-project coordination is necessary and the frequency with which it is required. Finally, project duration or more particularly, the duration of assignment for any specific engineer will determine the degree to which one must be concerned about the separation of that engineer from his knowledge base."[20]

Angewandt auf die zuvor genannten Kriterien heißt das nichts anderes, als daß in Fällen mit

- hoher Anforderung an Intuition und Kreativität
- hohe Ausgleichserfordernisse zwischen Subsystemen und Problemgebieten

die zentrale Form der Aufbauorganisation eindeutig die besseren Ergebnisse verspricht, umgekehrt in Fällen mit

- ergebnisverantwortlicher Aufgabenzuweisung bei hohem Termindruck

---

[20] Thomas J. Allen, Organizational Structure, Information Technology and R & D Productivity; Paper presented at the Conference of European Research Manager's Association, The Hague, Netherlands, June 5, 1985, page 15.

die dezentrale Form der Aufbauorganisation. Die gegen eine Zentralisierung sprechenden Kriterien der Marktnähe und deren flexible Mitverfolgung in den Führungsstrukturen von Großunternehmen wurde in letzter Zeit insbesondere von Kuhn[21] in den Vordergrund gestellt. Kuhn betont, daß die heutige Form schärfster Konkurrenz auf allen Märkten zu Marktnähe mit extrem schneller Reaktionszeit eben auch in der Produktentwicklung zwingt, und daß demgegenüber in der beidseitigen Abwägung alle anderen Gesichtspunkte etwas in den Hintergrund zu treten haben. Ein anderer Praktiker schließt sich diesem Gesichtspunkt voll und ganz an: Wettbewerbsfähigkeit ist nicht etwas, was man einmal erwirbt und besitzt. Wettbewerbsfähigkeit muß vielmehr durch unsere Arbeitsqualität, Leistungsfähigkeit und durch unsere unternehmerischen Entscheidungen immer wieder neu gesichert werden".[22]

Nicht selten sind deshalb Unternehmen in der Vergangenheit von der zentralen zur dezentralen Aufbauorganisation übergegangen.

2.2.2 Organisation des F&E-Controllings

Die hier vertretene Auffassung des Controllings als Entscheidungsprozeß im Regelkreis Planung, Steuerung und Kontrolle bringt ganz selbstverständlich auch in bezug auf die Ablauforganisation die Haltung mit sich, diese als Teilstück eines auf Steuerung und Entscheidung gerichteten Prozesse zu sehen oder umgekehrt ausgedrückt: die Abläufe nicht losgelöst vom Geschäft „zur Verfügung zu stellen" und damit zur leblosen Routine erstarren zu lassen. Damit widerum ist verknüpft, daß das Controlling entweder für Abläufe (und damit auch für Verfahren) im F&E-Bereich verantwortlich zeichnet, oder daß das Controlling jedenfalls bei der Einrichtung und Weiterentwicklung derselben Mitspracherecht hat. Um das zu erreichen ist es wahrscheinlich unumgänglich, einerseits die Seite F&E – jedenfalls soweit gewünscht – mit am Aufbau und dann am Betreiben der System- und Verfahrensabläufe zu beteiligen, andererseits dieselben so auszugestalten, daß das Teilziel „Kontrolle" des Controlling-Prozesses ganz klar institutionalisiert wird.

Die Realisierung dieser Auffassung stößt auf Widerstand und Schwierigkeiten, wenn es um deren praktische Durchsetzung geht. Derselbe Punkt wird wieder tangiert, von dem früher schon einmal die Rede war: „Die Verwaltungsseite" möge doch alles das besorgen und „der Technik" zur Genehmigung vorlegen. Diese Auffassung führt vielleicht noch dazu, einen Mitarbeiter des Controller-Bereiches dafür anzusehen, diesen geschilderten Ablauf zu vollziehen, mehr aber auch nicht.

Soll eine Identifikation des F&E Bereiches mit Planung erreicht werden ist es unumgänglich, daß die Erarbeitung derselben – sicherlich in Iterationsstufen und in Zusammenarbeit mit dem Controller-Bereich – auch von diesem Bereich vorgenommen wird. Genauso ist es später bei dem Kontrollprozeß.

Zwar sollte der Controller es sich nicht nehmen lassen, z.B. die Zweitunterschrift bei Beschaffungsvorgängen jeglicher Art im Forschungs- und Entwicklungsbereich zu

---

[21] Klaus Kuhn, Führungsstrukturen von Großunternehmen, in: Zeitschrift für Betriebswirtschaft, 57. Jg., 1987, Heft 5/6, S. 457ff.
[22] Karl H. Hahn, Technik ist nicht alles! in: IBM-Nachrichten, 37. Jg., Heft Nr. 290, 1987, S. 9.

leisten. Entsprechend dem Prinzip der Gewaltenteilung mit einer Freigabeunterschrift und einer Anweisungsunterschrift sollte allerdings erstere grundsätzlich vom Bereich F&E geleistet werden, gleichgültig, ob es sich um einen Projektleiter, einen Kostenstellenleiter oder einen Fachbereichsleiter handelt. Dieser wiederum kann sich selbstverständlich den Vorgang vorbereiten lassen, auch kann es angezeigt sein, entwicklungsfremde Stellen des Stabes oder der Linie mit einer fachlichen Freigabebefugnis zu versehen. Das kann zutreffen für die EDV-Abteilung, für die Rechts- bzw. Steuerabteilung, die Abteilung Arbeitssicherheit usw.. Auf beiden Seiten sollten Unterschriftenhäufungen vermieden werden, vor allem, wenn sie so eingefahren sind, daß jeder Nachfolgende sich nur noch auf seinen Vorgänger verläßt, und seine Unterschrift nach diesem Prinzip ableistet. Hier sollte man den Mut aufbringen, den Durchlauf rigoros zu beschneiden, um den noch verbleibenden Freigabe- bzw. Anweisungsstellen die volle Verantwortung für die jeweiligen Vorgänge zu geben. Mit Genehmigungsgrenzen läßt sich im übrigen hier eine vernünftige Staffelung des Arbeitsvolumens eines jeden erreichen. Damit soll sichergestellt werden, daß jeder Vorgang vom Bereich F&E initialisiert wird unter dem Gesichtspunkt, daß dieser ihn geplant hat und damit wollte, und daß er anschließend, bevor er seine finanziellen Auswirkungen zeigt, vom Controlling nochmals bewußt wahrgenommen und auf die Ziele hin überprüft wird. In diese Routine sollten nicht nur Zahlungsanweisungen selbst, sondern auch deren „Vorboten" eingebunden sein, im einzelnen (vgl. Anhang):

- Kleinbestellungen (1)
- Bedarfsmeldungen (2)
- Teilnahmeantrag Seminare, Schulungen u. Kurse (3)
- Personalanforderungen (auch für Leasing) (4)
- Beratungsanträge (5)
- Abgänge aus dem Sachanlagevermögen (6)
- Investitionsbestellfreigaben (7)
- Auftrag für innerbetriebliche Leistungen (8)
- Reiseanträge (9)
- Zahlungsanweisungen. (10)

Je nach Größe des Betriebes und damit Umfang der Belege kann das Anweisungs-Volumen unter Umständen nicht vom Controller allein bewältigt werden, sondern sind dafür Stellvertreter einzusetzen. Aber auch dann muß sichergestellt sein, daß diese dem Controllerbereich zugehören und infolgedessen ihre Unterschrift unter der gleichen Optik leisten. So muß insbesondere darauf geachtet werden, daß der oder die Vertreter des beantragenden Bereiches nicht nur als Freigabeberechtigte, sondern auch als Anweisende fungieren. Zur Begründung dieser Untugend wird oft vorgebracht, daß andernfalls die Laufwege zu lang sind und die Vorgänge in kürzester Zeit und eben auch auf Zuruf abgewickelt werden müssen.

Vom Controllerbereich muß natürlich auch sichergestellt werden, daß die Zweitunterschrift zügig erfolgt. Der Ablauf innerhalb eines Arbeitstages (mit Sicherstellung der Stellvertretung bei Abwesenheit) kann und muß als zufriedenstellend betrachtet werden.

Es ist naheliegend, für die Vielzahl der im Entwicklungsbereich zu behandelnden Plan- und Ist- Daten, „Datenverarbeitung" überall dort einzusetzen, wo sie sich auch nur irgendwie anbietet. So läßt sich im Prinzip das weiter oben zur Planung, Steuerung und Kontrolle Gesagte mehrheitlich über EDV abwickeln. Allerdings wird es bei der Dynamik heutiger EDV-Anwendungen mehrere sich überlagernde Tendenzen geben, auf die das Controlling Rücksicht nehmen muß, sofern dieser Bereich Verantwortung oder Mitverantwortung auch für Verfahrensfragen trägt.

So muß zunächst einmal Klarheit darüber herbeigeführt werden, ob mit dem Großrechner oder über Personal Computer gearbeitet werden soll. Wenn Fachabteilungen verantwortlich sind für das „wer" und „wie", die Projektleitung für das „was" und „wann", dann wird sehr schnell der Punkt erreicht sein, wo das Controlling um Datenintegration mit dem Fachbereich bemüht sein muß, werden doch dort oft erstmalig Daten geschaffen. Schnell wird bei dieser Sachlage der Ruf laut nach Programmen, die auf einem Personal Computer laufen können mit der Folge, daß die vom Controlling her gesehen unabdingbare Forderung nach „one number" nur unzureichend erfüllt ist.[23]

Eine Verfahrenslösung über den Großrechner würde die Integrationsfähigkeit der Daten von vornherein sicherstellen oder zumindest nahelegen. Der Anspruch zur isolierten Arbeitsweise besteht gerade bei Projektplanungsverfahren, aber auch bei sonstigen Planungsverfahren, wenn es darum geht, diese als „Spielwiese" mit der Gefahr der Suboptimierung ohne Offenlegung der Ergebnisse an zentrale Planungsstellen zu gebrauchen. Selbst Ist-Daten werden selbst ermittelt, indem z. B. Bestellungen von einem „Budget" nacheinander abgezogen werden.

Hier ist jedes Unternehmen aufgerufen zu entscheiden, wie vorgegangen werden soll, sicher ist, daß bei dezentralem Vorgehen oft und schnell der Ruf zur Anbindung an einen eventuell vorhandenen zentralen Großrechner aufkommt, da die Datenintegration mit Übernahme oder Übergabe zentraler Daten ansteht. Ziel jeder Verfahrensanstrengung im Entwicklungsbereich muß die Integration sein, d. h. die Benutzung ein- und desselben Datenmaterials für alle Auswertungsbelange, eben nicht die Generierung mehrerer Datensätze für mehrere oder gar für ein- und dieselbe Auswertung ohne wechselseitige Vernetzung. Das muß alle Daten betreffen, die in den bisherigen Ausführungen zur Entwicklungskostenplanung, -steuerung und -kontrolle eine Rolle gespielt haben, also

- Abläufe
- Entwicklungsleistungen
- Termine
- Ressourcen
- Kosten
- Finanzierung
- Berichterstattung.

Ein Integrationsschaubild des zuvor Gesagten kann der Abbildung 7 entnommen werden, eine Liste der denkbaren EDV-Lösungen für einen Entwicklungsbereich müßte damit mindestens die nachstehenden Vorgänge umfassen (vgl. Anhang):

- Betriebsabrechnungsbogen   (11)
- Einzelkostenplanung und -abrechnung   (12)

---

[23] „One number" ist ein Prinzip, nachdem es in der kaufmännischen Berichterstattung für ein- und denselben Vorgang nur eine einzige Zahl geben soll, umgekehrt ausgedrückt keine zweite und dritte für denselben Vorgang bzw. für einen ähnlichen oder in der Nähe liegenden.

- Entwicklungsstundenerfassung und -abrechnung (13)
- Entwicklungsleistungsplanung und -kontrolle (14)
- Personalplanung und -kontrolle (15)
- Verfolgung von Abweichungen (16)
- Investitionsplanung und -kontrolle (17)
- Projektplanung und -kontrolle (18)
- Netzpläne, Aktivitäts- und Vorgangslisten (19)
- Berichtswesen (20)

Allein hier handelt es sich um 10 Tätigkeitsfelder von Verfahrenslösungen, die mit ihren Unterprogrammen, Interfaces, Vorprogrammen und Programmverknüpfungen ein ausgedehntes Gebiet verfahrenstechnischer Lösungen darstellen. Müssen diese Verfahrenslösungen neu konzipiert werden, muß erheblich in Verfahrenskapazitäten investiert werden, und zwar sowohl auf dem Gebiet Systemanalyse wie auch auf dem Gebiet Programmierung. Da auf dem Markt diesbezügliche F&E-Softwareprogramme nicht verfügbar sind (und wegen der unterschiedlichen organisatorischen Gegebenheiten bei den potentiellen Abnehmern wohl auch in Zukunft alsbald nicht verfügbar sein werden) ist hier nur an den Aufbau oder die Ausnützung eigener Kapazitäten zu denken, und zwar sowohl für Hardware als auch für Software. Es geht dabei im umfassenden Sinne um Planung und Abrechnung der Entwicklungsleistung.

Mehr und mehr hat heute der Planungsgedanke auch auf den Forschungs- und Entwicklungsbereich übergegriffen. Wieder geht es um die Teile Leistungs-, Zeit- und Kostenplanung mit ihren jeweiligen Unterprogrammen wie beschrieben. Der Teil Leistungsplanung erfaßt die Entwicklungsleistung in ihrem Input und Output. Der Input sind dabei die Stunden der Entwicklungsingenieure sowie aller anderen Kostenelemente. Der Output ist das Entwicklungsresultat, so wie es in Vorhaben und Projekten seinen Ausdruck findet. Wie im Rahmen des Kapitels Planung dargelegt ist es vermutlich unumgänglich, daß sich die Planungsarbeit bis zum Abschluß – und jede Planung ist ein Status des erwarteten Geschehens zu einem bestimmten Stichtag – in Iterationsstufen (mit Rückkoppelungen) vollzieht. Alle Beteiligten geben ihre Meldungen in diesen Prozeß, es werden Abschätzungen vorgenommen und wieder verworfen. Das ist ein typisches Massenproblem, für das sich eine EDV-Lösung geradezu anbietet. Parallel zu den verschiedenen Iterationsstufen können alle gewünschten Konsolidierungsstufen und Deltaberichte gewonnen werden, das Verfahren läßt sich sowohl als „Spielwiese" wie zu endgültigem Festhalten eines gewünschten Zustandes ausgestalten. Mit demselben Verfahren lassen sich die Beiträge der kleinsten Einheit – der Kostenstelle – sammeln und hinführen zum F&E-Aufwand der gesamten Unternehmung. Für die Komplexität, aber auch die Aussagefähigkeit eines solchen Programmes spielen dabei die Zahl der Kostenstellen, der Produktbereiche, der Aufträge, Vorhaben und Projekte wie auch der Zahl der Planstufen eine wesentliche Rolle.

Zeitplanung heißt in diesem Zusammenhang Planung und Verfolgung des Start- und Endtermines, eventuell eine weitergehende Terminverfolgung unter Einsatz der Netzplantechnik. Hier treten natürlich ebenfalls wieder Probleme der Schnittstelle bzw. der Verfahrensintegration auf, zumal dieses Gebiet auch von der technischen Seite intensiv verfolgt wird.

Schließlich erfolgt die Kostenplanung mit Bewertung der Ingenieurstunden zu Stundenverrechnungssätzen, mit Angaben zu Sonderkosten wie Rechnerleistung, Fremdaufträgen u. dgl. und zuzüglich deren Finanzierung.

Abb. 4: Entwicklungsauftrag

2.0 Der F&E-Controlling-Prozeß

Die notwendige Abrundung der beschriebenen Verfahrenslösungen auf dem Gebiet F&E-Leistungs-, Zeit- und Kostenplanung ist eine entsprechende Istdatenerfassung nach denselben Kriterien.

Zunächst sollte keine Entwicklungsarbeit begonnen werden, ohne daß ein genehmigter Entwicklungsauftrag vorliegt. „Genehmigt" muß in diesem Fall auch heißen, daß der Auftrag explizit oder subsidiär (d. h. innerhalb einer größeren Aggregationsstufe) im Budget des laufenden Jahres enthalten ist. Der Auftrag (Abb. 4) sollte alle Daten enthalten, wie sie für die spätere Auftragssteuerung gebraucht werden, und das in einer Form, die auf der EDV-Anlage ablauffähig ist. Im einzelnen sollte ein Entwicklungsauftrag damit nach Möglichkeit folgende Angaben enthalten:

- die Jahre, in dem er durchgeführt oder das Jahr, in dem er begonnen werden soll
- die Planphase (Budget, Strategischer Plan), innerhalb der der Auftrag eingeplant ist
- die erforderliche Auftragsnummer mit Angaben zu
  - Kostenträger
  - Entwicklungs-Thema
  - Produktbereich
  - Finanzierungsart
  - Laufende Nummer
- Titel
- Meilensteine
- Leistender Bereich bzw. Kostenstelle mit Angabe von Berufskategorie, Stellenkurzzeichen, Personalnummer und Stundenverrechnungssatz der beteiligten Ingenieure (auch Leistungsbeiträge von anderen Bereichen)
- Planstunden über alle Jahre
- Kostenelemente über alle Jahre
- Genehmigungen.

Eine derart genaue Auftragsplanung macht natürlich nur dann Sinn, wenn auch der Istverlauf in derselben Struktur nachgehalten wird. Das trifft nicht nur auf Kosten zu, sondern gleichermaßen auf Zeit und Leistung. Die dahinter stehende Leistung bzw. der Fertigstellungsgrad ist in verbaler Form darzustellen bzw. nachzuhalten. Planung und Nachhalten von Milestones erfolgt mit Hilfe der Netzplantechnik über Balkenpläne oder Vorgangslisten.

Die geschilderten Verfahrenslösungen zur Planung und Kontrolle der zeitbezogenen Daten des Bereiches Forschung und Entwicklung müssen ihre Ergänzung finden in einer Betrachtung desselben Planungs- und Buchungsstoffes entsprechend einer projektbezogenen Sortierung. Nachstehende Ordnungsmerkmale können dazu je nach gewünschtem Detailierungsgrad bzw. Ebene der Betrachtung herangezogen werden:

- Programm
- Projekt
- Vorhaben
- Aktivität
- Arbeitspaket
- Lieferungs- und Leistungsposition.

Wichtig in diesem Zusammenhang ist es, sowohl für die zeitbezogenen wie auch für die projektbezogenen Auswertungen – sofern vorhanden - dieselben Verfahren des Rechnungswesens zu nutzen, um Kongruenz von Datenanfall und Datenverrechnung zu gewährleisten. Folgende Bedingungen sollten mit der Einführung von Verfahren speziell des Projektcontrolling erfüllt werden:

- keine Programmänderungen in bestehenden Verfahren
- Vollständigkeit des Erfassungsvolumens
- Vermeidung von Doppelerfassungen.

Bestehende Verfahren des Rechnungswesens sind also daraufhin zu überprüfen, inwieweit sie für die Belange eines Projektkostenerfassungssystems nutzbar gemacht werden können. Über Selektierprogramme sind dann die hierfür erforderlichen Daten auszuwählen und – unter Hinzufügung obiger Ordnungsmerkmale – in Inputsätze des Projekterfassungssystems umzusetzen.

Das kleinste Strukturierungsmerkmal ist vermutlich die Lieferungs- und Leistungsposition, das größte das Programm. Dazwischen gibt es je nach Erfordernis Verdichtungsstufen (Projekt, Vorhaben, Aktivität, Arbeitspaket).

Gerade in einem Projekt-Planungs- und Kontrollsystem ist es besonders wichtig, zu Aussagen über die zukünftige Entwicklung zu erlangen, wobei dann die Istdaten des Rechnungswesens nur noch Hintergrundinformation sind. Dies kann über die Schritte „Commitments" (eingegangene Verpflichtungen) und „Estimate to Completion" (Schätzung des Verlaufs bis Projektende) erfolgen.

Schon bei Commitments wird der Buchungsstoff des Rechnungswesens verlassen, denn Bestellungen werden darin nicht erfaßt. In der hier gemeinten Planbuchhaltung ist deren Erfassung jedoch sinnvoll, da damit eine erweiterte, feste Aussage zu zukünftigem Mittelverbrauch erreicht wird.

Ein nächster Schritt besteht darin, über die Commitments hinaus – aber sehr wohl unter Berücksichtigung derselben – zur Neuabschätzung der noch nicht mit Verpflichtungen belegten Zukunft zu gelangen. Dieses Bestreben ist sicherlich bei allen Beteiligten nur schwer durchsetzbar, verlangt es doch von allen äußerste Disziplin, wenn in regelmäßigem Rhythmus dieselben Daten immer wieder neu eruiert und erfaßt werden.[24]

Dennoch erlaubt diese fortgeschrittenste Form der Projektverfolgung dementsprechend auch ein exaktes, projektbegleitendes Controlling, insbesondere, wenn es nicht nur auf die Positionen der Gewinn- und Verlustrechnung ausgerichtet ist, sondern in derselben Weise wieder Zeit und Leistung mit beinhaltet. Damit ist für Zwecke der Schätzung des Verlaufs bis Projektende eine Analyse der ungewissen zukünftigen Ereignisse nur noch für den nicht bestellten Teil der neuesten Vorschau zu machen bzw. dann, wenn Bestellung und Rechnung differieren.[25]

---

[24] Vgl. hierzu Adolf Gerhard Coenenberg und Andreas Raffel, Integrierte Kosten- und Leistungsanalyse für das Controlling von Forschungs- und Entwicklungsprojekten, in: Kostenrechnungspraxis, Heft 5, 1988, S. 199ff.

[25] Vgl. Dietrich Solaro u. a., Projekt-Controlling, Planungs-, Steuerungs- und Kontrollverfahren für Anlagen- und Systemprojekte, C. E. Poeschel Verlag, Stuttgart 1979, S. 71.

2.3 F&E-Leistung

Basis jeder Entwicklungscontrollings ist die zugrundeliegende Entwicklungsleistung, die ihren Niederschlag findet im „Verbrauch" von Ressourcen, Kosten und Terminen. Um diesen Einsatzmittelverbrauch dosiert und zielgerichtet abzuwickeln müssen – das ist das Anliegen dieses Buches – die Schritte Planung, Steuerung und Kontrolle vollzogen werden. Um das knappe Gut „Entwicklungsleistung" so ökonomisch wie möglich im Rahmen konkurrierender Interessen einzusetzen sollte eine ins Einzelne gehende Planung des F&E-Outputs (der Projekte usw.) erfolgen. Später – im Rahmen des Abschnittes „Effizienz" – wird gezeigt werden, wie sich Effizienz ebenfalls nur am output messen läßt. Dennoch wird die Grundlage hierfür bereits beim „input" gelegt, und d.h. in jedem Fall Mangelverwaltung der knappen Ressourcen Personal und Geld.

Um sich diese Mangelsituation ständig vor Augen zu halten ist es angebracht, die Beziehung zwischen Leistungsanforderer (das ist vermutlich der ergebnisverantwortliche Produktbereich) und Leistungserbringer (dem F&E-Bereich) auf vertragliche Grundlage zu stellen, die nicht ungestraft verlassen werden darf. Dazu ist wiederum erforderlich, daß pro gewünschter Entwicklungsaufgabe die dafür notwendigen Ressourcen festgestellt werden, zunächst in bezug auf die erforderliche Stunden der Entwicklungsingenieure (nach Menge und Qualifikation), dann aber auch nach Kosten- und Zeitverbrauch als Ausprägung der Ressource „Kapital".

Die bedeutsamste Ressource für eine Entwicklungsarbeit ist ohne Zweifel das Entwicklungspersonal, dessen Planung auch immer als erstes vorzunehmen ist. Die anderen Input-Elemente Kosten und Zeit sind als abhängige Variable der Ressource Personal anzusehen. Die Personalplanung ist dabei ein sehr schwieriges Unterfangen. Das liegt darin begründet, daß die Produktivität vom Anfordernden und vom Ausführenden der Leistung mit großer Wahrscheinlichkeit unterschiedlich eingeschätzt wird, so daß Leistungsanforderungen fast immer höher ausfallen als die Ressourcen hergeben und bei gewollten Veränderungen im Personalstand pro Zeitperiode ein „Nachhinken" des Auf- oder auch Abbaus festzustellen ist. Wird, wie weiter vorn beschrieben, von Zielvorgaben ausgegangen, so wird es sie mit Sicherheit in bezug auf Personal geben. Wenn diesen Zielen die Summe aller Leistungswünsche gegenübergestellt wird, so wird daraus eben eine zum Teil sehr weit darüberliegende Leistungsanforderung resultieren, so daß die dazwischenliegende Differenz in der einen oder anderen Weise aufzulösen ist. Meistens wird in einem solchen Fall zuerst an Personalerhöhung gedacht, aber diesem Wunsch wird aus Ergebnisgründen nur in begrenztem Umfange stattgegeben werden können. Diese würde sich vermutlich auch nicht mit den Zielvorgaben vereinbaren lassen. Somit bleibt fast nur ein interner Ausgleich übrig, und das heißt Auseinandersetzung mit den Leistungsanmeldungen der einzelnen Bereiche. Die schwierige Aufgabe besteht darin, zu einer realistischen Abschätzung des Leistungsbedarfs einer Entwicklungsaufgabe zu kommen, und die zweite darin, diesem Leistungsbedarf das richtige Bündel der Ressource „Personal" zuzuordnen. Abstriche an einzelnen Wünschen werden hierbei unumgänglich sein, und das Feilschen selbst um halbe Köpfe (bei Teilzeitarbeit) ist an der Tagesordnung. Zeitliches Verschieben, die Erhöhung der geforderten Entwicklungseffizienz sowie das Dotieren einzelner Aufgaben mit anders qualifiziertem Personal sind die anderen Mittel der Wahl.

Sollte es das Ergebnis eines solchen Abstimmungsprozesses sein, daß weiteres Personal eingestellt werden muß, dann ist damit das Problem durchaus noch nicht gelöst. Zunächst wird man oft – gerade bei den gesuchten Qualifikationen – auf leere Personalmärkte stoßen. Das führt dann entweder zu dem genannten Hinterherhinken im Einstellungsprozeß mit der Folge, daß kostenseitig automatisch eine Reserve aufgebaut wird (da mit höherer Durchschnittsleistung geplant wurde). Oder es kommt zu verzweifelten Versuchen, das erforderliche Personal doch noch irgendwie zu beschaffen, z.B. durch Abstellung aus Konzernfirmen oder durch das Tätigwerden von hochqualifiziertem Entwicklungspersonal für Zwecke der Personalwerbung z.B. bei Fachvorträgen oder bei Informationsveranstaltungen an Hochschulen. Auch werden ganze Aufgabenpakete an Werkunternehmer vergeben, selbst wenn damit die Arbeit insgesamt u.U. erheblich teurer wird.[26]

Im umgekehrten Falle – bei notwendigem Personalabbau – stoßen Anpassungen meist auf erheblichen Widerstand des Betriebsrates, ist es doch gerade in kritischen Situationen das Bestreben, jedem fest angestellten Mitarbeiter seine Stellung zu halten (so daß selbst die übliche Fluktuationsrate von vielleicht 3–4% dann eher nach unten tendiert).

Hier hilft oft nur eine Vorwärtsstrategie z.B. mit Umschulung. Doch ist gerade diese oft nicht kurzfristig zu realisieren, so daß es die Strategie sein muß, neue Tätigkeitsfelder zu suchen.

Durch dieses „Hinterherhinken" im Auf und Ab der Kapazitätsanforderungen an Personal wird oft der Ruf nach „Überplanung" laut, nach einer planerischen Vorgehensweise also, die bewußt eine höher als realistische Einplanung an Personal vorsieht unter dem Gesichtspunkt, daß sonst die Personalabteilung ihre Bemühungen zur Personalakquisition nicht mehr weiter intensiv fortführen wird. Unter Controlling-Gesichtspunkten sollte dem allerdings nicht stattgegeben werden. Nicht nur, daß hier durch in der Folge zu niedrige Stundensätze und damit zu hohe Abweichungen zum „Ist" der Blick für Abweichungsgründe getrübt wird,[27] viel wichtiger ist, daß damit vom Bereich F&E Leistungsmöglichkeiten suggeriert und den Produktbereichen Leistungszugeständnisse gemacht werden, die sich in der Realität so nicht durchhalten lassen. Das planerische Problem läßt sich zwar in dieser Weise lösen, nicht aber die Sachaufgabe selbst, von der Ergebnisproblematik einmal abgesehen. Eleganter ist ein

---

[26] Bei einem Werkvertrag handelt es sich in Abgrenzung zum Arbeitnehmerüberlassungsgesetz (Leasingpersonal) um eine definierte Werkleistung nach §§ 631ff. BGB gegen vereinbarte Vergütung. Diese muß übrigens nicht in jedem Fall teurer sein. Untersuchungen haben ergeben, daß Werkverträge auch kostengünstiger sein können als eigene Leistung, und zwar bei Vorliegen der folgenden Konstellation: ein Werkvertrag wird abgeschlossen von einem Großunternehmen mit den heutzutage daselbst vorherrschenden hohen freiwilligen Sozialleistungen, wird durchgeführt von einem Klein- oder Mittelbetrieb in ländlicher Gegend und mit geringeren freiwilligen Sozialleistungen.

[27] In die Planungen gehen Gehälter neu einzustellender – gegenüber dem vorhandenen Personalstamm relativ niedriger entlohnter – Mitarbeiter ein, die in dieser Höhe nicht realisiert werden können, so daß das vorhandene Personal mit relativ höheren Gehältern die Arbeit vollbringen muß.

anderes Verfahren, nämlich Einstellungen kontrolliert aber geringfügig über Plan vorzunehmen in Erwartung der langjährigen Erfahrung, daß die Fluktuation den Endstand doch wieder nach unten drücken wird, so daß damit der Durchschnittsstand – und nur der erbringt die Leistung (Personenjahre!) – doch wieder erreicht wird. Das setzt eine enge Zusammenarbeit mit der Personalabteilung voraus und ferner das gezielte Arbeiten mit Personal- Durchschnitten, errechnet aus Personal-Endständen und umgekehrt. Die Praxis sieht allerdings oft anders aus und folgt keiner stetigen Linie einer strategischen, am Machbaren orientierten Personal-Planungsarbeit, die neben der aktuellen Situation die vorraussichtliche Entwicklung der nächsten Jahre berücksichtigt.

Ein hektisches Auf und Ab in der Personalverfügbarkeit ist aus Gründen der erforderlichen Pflege der Qualifikationsstruktur des Personals abträglich. Diese verlangt langfristig orientiertes, methodisches Vorgehen, denn dahinter steckt das langsame aber zielsichere Hinlenken des Personalstammes in die gesuchten Qualifikationen (also z. B. den Software-Designer). Hierhin gehören Umschulungen (aus manchen nicht mehr benötigten Hardware-Funktionen heraus), Aquisitionsbemühungen auf dem Markt – am erfolgreichsten oft vor Ort in den Ausbildungsstätten –, geeignete Bemühungen um Spitzenkräfte (also z. B. das Vermeiden jeglicher Fluktuation bei diesen; in Anbetracht der Einarbeitungskosten bei Neueinstellungen oder der Einrichtungskosten für einen weiteren Arbeitsplatz kann u. U. Umständen eine außerordentliche Gehaltserhöhung oder eine Sonderzahlung angebracht sein). Werden Auf- oder Abbau vonMitarbeitern als Maßnahmen verworfen oder sind unter den gegebenen Umständen nicht durchführbar, so bleiben als weitere Mittel der Wahl ein zeitliches Verschieben einzelner Entwicklungsaufgaben bzw. der Versuch übrig, die Mitarbeitereffizienz zu erhöhen, soweit das möglich ist. Wegen der besonderen Bedeutung für das F&E-Management wird diese Frage jedoch später in einem besonderen Kapitel behandelt.

Die Personalplanung zur Entwicklungsleistung kann als abgeschlossen betrachtet werden, sobald die vorhandene Personalkapazität bestmöglich mit den personellen Leistungsanforderungen der zu bearbeitenden Aufgaben in Einklang gebracht ist und zwar entsprechend der genannten Entscheidungskriterien. Sie ist im Istverlauf selbstverständlich zu verfolgen und so auf der gewünschten Linie zu halten bis zu dem Moment, zu dem eine neue Planungsstufe gegebenenfalls geänderte Ziele setzt.

Mit der Planung und Abrechnung der Ressource „Personal" wie zuvor behandelt ist der Input-Faktor „Arbeit", der zur Leistungserstellung notwendig ist, abgeschlossen. Trotzdem fehlt noch ein wesentliches Merkmal, um das gesamte Mengengerüst abzuschließen, nämlich die Zeit.

Schon in der Physik wird die Arbeit beschrieben als die Leistung in der Zeiteinheit, und dieser Satz kann auf eine Entwicklungsleistung voll und ganz angewendet werden. Insbesondere dem Controller kann es nicht gleichgültig sein, in welcher Zeit der gewünschte Output von der Ressource Personal erbracht wird, könnte doch bei verkürztem Zeitverbrauch für die eine Aufgabe schon Leistung für eine andere Aufgabe erbracht werden.

In der Forschung und Entwicklung ist es üblich, die Leistungsmenge in Stunden bzw. Jahren zu messen, – es wird vom „Stundensatz" bzw. von „Mannjahren", oder, heute üblicher, von „Personenjahren" gesprochen. Genauso gut könnte natürlich eine dazwischenliegende Zeitperiode genommen werden, aber da kann man höchstens noch von Mann- (Personen-) Monaten hören, Tage als Maßeinheit sind relativ ungebräuchlich.

Wenn auch Personal der ganz überwiegende Input-Faktor der F&E-Leistung darstellt, so ist es doch nicht der einzige. Eine vollständige Betrachtung der Leistungsseite muß sich daneben noch auf andere Faktoren erstrecken, die sich wie das Personal in Mengen ausdrücken und messen lassen. Dazu gehören insbesondere:
– Material
– Reisen
– EDV
– Leistungen anderer Unternehmensbereiche
– Fremdleistungen
– Abschreibungen
– Sonstiges.

Gerade im Planungstadium kann bei der Betrachtung der Leistungsseite vereinfachend so vorgegangen werden, daß ein „Stundensatz" versucht wird zu ermitteln, der das gesamte zuvor genannte Mengengerüst in ein Wertgerüst umwandelt, aber dabei handelt es sich im Grunde um eine zwar praktikable, aber eben doch vereinfachende Vorgehensweise, die die zahlreich möglichen beeinflußenden und beeinflußbaren Faktoren zudeckt. Controlling muß auch hier im Ursprung ansetzen und fragen, welcher Input im einzelnen hinter einer zu erbringenden Leistung stehen soll. Natürlich ist bekannt, daß im praktischen Fall oft noch nicht einmal die vereinfachte Form zufriedenstellend durchgeführt wird, von einem sauberen Aufbau bzw. einer später auch notwendigen weiteren Verfolgung des Mengengerüstes ganz zu schweigen.

2.4 Kosten von F&E (die Software)

Wie in der industriellen Kostenrechnung sonst auch üblich und für Controller-Arbeit unumgänglich muß das zuvor beschriebene Mengengerüst nun in einem nächsten Schritt in ein Wertgerüst umgesetzt werden. Das kann und wird über die schon zuvor genannten Stundensätze geschehen, die jedoch dann, wenn die vorbereitenden Arbeiten so detailliert wie hier beschrieben erfolgt sind, eine ganz andere, nämlich viel anspruchsvollere Grundlage haben, als wenn sie nur pauschal einen gewissen Kostenplafonds abdecken sollen. Wir sind an dieser Stelle an dem Nahtpunkt von Leistungsbetrachtung auf der einen Seite und Kostenbetrachtung auf der anderen Seite angelangt. Sie sind die beiden Seiten ein- und derselben Medaille und müssen auch, wenn auf beiden Seiten mit gleichen Annahmen vorgegangen und auf beiden Seiten richtig gerechnet wurde, völlig übereinstimmen. Problem kann es im Planungstadium höchstens sein – und auch das ist ein bekanntes kostenrechnerisches Problem – daß im Moment der Planung die Kostensätze noch nicht ausgeplant vorliegen, denn sie sind abhängig von der Leistungsplanung, zu deren Erstellung man aber wiederum die Gemeinkostenplanung braucht. Um diesen gordischen Knoten aufzulösen und nicht in infinite Berechnungen zu kommen, hilft nur die Erfahrung, welche z.B. Schätzungen für die Stundensätze in einer Höhe (oder gegenüber dem Vorjahr mit einer Veränderungsrate) entwerfen läßt, welche die vermutete Einzelermittlung schon weitgehend vorempfindet. Nach Abschluß der Gemeinkostenplanung sind dann die Stundensätze zu korrigieren und entweder die Leistungsseite oder die Kostenseite anzupassen und damit völlig deckungsgleich zu machen. Eventuell werden aber bei diesem Vorgehen auch Fehler auf der einen oder anderen Seite lokalisiert, die zunächst zu eliminieren sind, um dann die beschriebene Prozedur erneut durchzuführen.

Sofern in einem Unternehmen eine wesentliche Entwicklungsaktivität besteht und eine Leistungsplanung gemacht wird ist davon auszugehen, daß die vorhandene Entwicklungsmannschaft nicht in einem Zuschlag innerhalb einer sonst undifferenzierten Selbstkostenrechnung abgedeckt, sondern einzeln geplant und verfolgt wird. Das sollte dazu führen, die Kostenseite in zwei Blöcke zu strukturieren, und zwar in einen, der die Gehälter selbst beinhaltet und allenfalls noch Kosten, die mit den Gehältern der Entwicklungsingenieure in einem Zusammenhang stehen, und in einen weiteren Block, der mit Aufgaben, Projekten korreliert: eine Trennung in Gemein- und Sonderkosten hat zu erfolgen. Beide Teile zusammen sind das Spiegelbild der Leistungsplanung. Während diese sich auf zu erbringende Leistungen konzentriert und die dafür erforderlichen Ressourcen – insbesondere Personal – angeben muß, sind bei Gemeinkosten und Sonderkosten die finanziellen Auswirkungen Betrachtungsgegenstand, beide Teile gehören jedoch eng zusammen und sind über die Personalplanung ja auch sichtbar und eng miteinander verknüpft.

Gemeinkosten sind nach klassischer Definition Kosten, die nicht direkt auf ein Produkt/Projekt zurechenbar (wie das im Gegensatz dazu bei den Sonderkosten der Fall ist) und damit auch bei Veränderung der Ausbringungsmenge fix sind. Sie fallen in den einzelnen Zeiteinheiten in etwa gleicher Höhe an. Typische Gemeinkosten sind z. B. Löhne und Gehälter des administrativen Personals.

In einem Entwicklungsbereich werden üblicherweise nicht nur die Löhne und Gehälter des administrativen Personals zu den Gemeinkosten gerechnet, sondern auch das des Entwicklungspersonals. Das ist an sich ein Widerspruch. Zur Aufklärung dieses Widerspruches ist ein Blick auf das Vorgehen in der Fabrik nützlich, sind doch dort über Jahrzehnte alle Möglichkeiten der Kostenrechnung sozusagen „live" ausprobiert worden.

Auch in der Fabrik werden an die „blue-colour-workers" z. B. am Band Löhne und Gehälter gezahlt, doch niemand bezeichnet diese als Gemeinkosten. Der Grund liegt darin, daß sie auf das Produkt zurechenbar sind und mit der Ausbringung variieren. Genau das trifft für Forschungs- und Entwicklungskosten nicht zu. Zwar wird auch für den Verbrauch von F&E-Ressourcen ein Auftrag ausgeschrieben und ist für unterschiedlich umfangreiche Aufträge auch der Personalinput unterschiedlich, ist also eine Projekt- oder Aufgabenzuordnung möglich, aber der Verbrauch ändert sich nicht so direkt mit der Ausbringung, sondern ist konstant mit ihr verknüpft,- ist ihr gegenüber fix. Außerdem läßt sich nicht so genau definieren wie bei dem Fabrikausstoß, worin die Entwicklungsleistung bzw. Veränderungen derselben eigentlich bestehen. Bekannt ist die Aussage, daß bei einem Projekt, welches zeitlich oder leistungsmäßig auszuufern droht, auch kein noch so großer zusätzlicher Personalinput das Projekt wieder ins Lot bringt, sondern daß es in einem solchen Fall das beste ist, die

2.4 Kosten von F & E (die Software)   31

Mannschaft so wie sie eingefahren ist weiterarbeiten zu lassen. Da auch eine Zuordnung auf Verkaufsprodukte entweder gar nicht möglich oder nur mit erheblichem Aufwand zu vollziehen ist spricht auch dieser Tatbestand dafür, F&E-Personalkosten als Gemeinkosten zu betrachten.

Muß nun aus den genannten Gründen davon ausgegangen werden, daß es sich bei Löhnen und Gehältern im Entwicklungsbereich um Gemeinkosten handelt, so muß dennoch die Aufgabe gelöst werden, diese Kosten rechnerisch so zu behandeln, daß daraus Entscheidungsunterlagen entstehen. Sie ähnlich wie die Vertriebs- oder Verwaltungskosten pauschal abzurechnen wird wie beschrieben nicht für sinnvoll gehalten, denn einmal haben die gegenwärtigen Produkte nichts mit der Forschungs- und Entwicklungstätigkeit für zukünftige Produkte zu tun, ferner arbeiten Ingenieure an identifizierbaren Aufgaben und ist somit eine Projektabrechnung innerhalb des Forschungs- und Entwicklungsbereichs möglich. Hier geht es darum, abzuwägen, daß die Aufgaben einerseits mit Leistungsmerkmalen und abzuarbeitenden Meilensteinen verknüpft sind, andererseits eine unsinnige (weil nicht mehr auswertbare) Genauigkeit und damit wirklich Gängelei des Ingenieurs vermieden wird. Das bedeutet im Einzelfall eine Strukturierung nach Forschungsthemen, Entwicklungsprojekten, -vorhaben, -paketen oder -aufgaben, wobei Richtwerte für die Größe der einzelnen Kategorie nicht angegeben werden können. Der maßgebliche Richtwert heißt wahrscheinlich am sinnvollsten: der Entwickler muß die Vorgehensweise noch mittragen können, wollen und es dann auch tun. Auf diese Struktur hin erfolgt dann eine „Zurechnung" der Entwicklungskosten, eine „Proportionalisierung von Einzelkosten". Das geschieht mit Hilfe vorgenannter Stundensätze u. a. auch in der Annahme, daß alle Mitarbeiter einer Kostenstelle, für die also ein einheitlicher Stundensatz verrechnet wird, auch proportional zum gewollten Entwicklungsergebnis beitragen. Damit kommt den Strukturen der Kostenstellen in einem Entwicklungsbereich ganz erhebliches Gewicht zu. Unumgänglich ist es nach dem Gesagten, die Kostenstellen so zu strukturieren, daß die daselbst anfallenden Gemeinkosten in bezug auf die dort erbrachten Leistungen möglichst homogen sind. Eine zweite Forderung für Kostenstellen besteht darin, daß es sich dabei um eindeutig abgrenzbare Verantwortungsbereiche handeln sollte.

Oft wird in diesem Zusammenhang die Frage nach dem Umfang einer Kostenstelle gestellt. Zwar sollte es – schon aus Vertraulichkeitsgründen und auch wegen des damit verbundenen Verwaltungsaufwandes – nach Möglichkeit keine Einmannkostenstelle geben, das Minimum kann aber durchaus bei ≥ 3 AK liegen. Nach oben besteht demgegenüber keine Begrenzung, solange die Bedingung der Homogenität erfüllt ist. Die Frage der Verantwortlichkeit läßt sich auch innerhalb einer Kostenstelle durch Substrukturen mit einer „span of control" $\leq$ sieben Personen (das als normal gesehene Maß) lösen, es ist dies kein kostenrechnerisches Problem, welches durch Kostenstellen gelöst werden müßte. 100 Personen für eine Kostenstelle sind insofern nicht unmöglich, wenn eine Einteilung in Hauptabteilungen, Abteilungen und Gruppen getroffen wird.

Innerhalb der Gemeinkosten werden 70–80% auf Gehälter entfallen. Der Rest von 20–30% sind kostenstellengebundene Kosten innerhalb der Gemeinkosten, die sinnvollerweise getrennt werden in Teile, die vom Kostenstellenleiter bzw. vom einzelnen Entwicklungsingenieur zu beeinflussen sind und solche, bei denen das nicht zutrifft, die immer noch nicht als Einzelkosten geführt werden können, da sie mit den Gehältern stark korrelieren und damit denselben Kriterien unterliegen.

Als beeinflußbare Gemeinkosten können die folgenden Kostenarten angesehen werden:
- Labormaterial
- Stromversorgung
- Instandhaltung Meß- und Prüfgeräte
- Geringwertige Wirtschaftsgüter
- Umzugskosten
- Nachrichtenverkehr
- Reisekosten
- Bewirtungs-/Repräsentationskosten
- Externe Dienstleistungen
- Anwerbung und Schulung von Mitarbeitern.

Die vom Kostenstellenleiter nicht direkt beeinflußbaren Gemeinkosten beinhalten solche klassischen Kostenarten wie:
- Abschreibungen
- Mieten
- Versicherungen
- Kostensteuern
- Innerbetriebliche Dienstleistungen
- Umlagen.

Basis für die Planung der Löhne und Gehälter ist sicherlich der Ist-Kostenanfall einer vergangenen Periode, verändert um erwartete Lohn- und Gehaltssteigerungen der Planperiode (die möglicherweise in Form von „Grundannahmen" firmenweit in gleicher Weise anzuwenden sind).

Bei den Zuschlägen zum Lohn und Gehalt – den Personalzusatzaufwendungen – empfiehlt es sich ebenfalls, Erfahrungswerte zur Abdeckung heranzuziehen. So können die Arbeitgeberanteile für die gesetzliche Sozialversicherung prozentual gleichmäßig bei Lohn und Gehalt erfaßt werden. Mit einem Fixbetrag pro Mitarbeiter können solche Kosten abgedeckt werden wie Beiträge zur Insolvenzsicherung, vermögenswirksame Arbeitgeberleistungen, Pensionen und Unterstützungen, sowie jede Art von freiwillig gewährten Sozialleistungen.

Bei der Planung von Dienstleistungen und Umlagen muß eine gegenseitige Abstimmung erfolgen, d.h. Kosten auf der einen Seite müssen entsprechenden Leistungen auf der anderen Seite entsprechen und in einem entsprechenden Kostentransfer ihren Ausdruck finden. Die Abstimmung sollte selbstverständlich erfolgen, bevor die eigene Planung abgeschlossen wird, so daß realistische Gesamtwerte ermittelt werden. Die Bereiche allerdings, denen Fragen nach Dienstleistungen und Umlagen gestellt werden, werden vermutlich ihrerseits wieder „input" erbitten über den Umfang der Aufgaben, welche hinter diesen Forderungen stehen. Zur Lösung dieser Zuordnungsproblematik empfiehlt sich das zuvor schon genannte Vorgehen über Schätzwerte.

Die Abstimmung muß übergreifend erfolgen, ganz gleich, ob diese sich zwischen Kostenstellen, Bereichen, Standorten oder Konzerngesellschaften abspielt. Sie kön-

2.4 Kosten von F & E (die Software)

nen damit auch frühzeitig abgestimmt werden. Die Federführung sollte einheitlich den Dienstleistenden obliegen. Planerisch darf so lange keine Einstellung erfolgen, wie die beidseitige Abstimmung nicht abgeschlossen ist. Angebracht sind entsprechende Planungsformulare, wie sie z. B. Abb. 5 zeigt. Oft werden allerdings diese Mühen der Abstimmung gescheut, ganz besonders, wenn es um eine Abstimmung im Konzern – also unter selbständigen Rechtseinheiten – geht. Hier wird dann gern gemutmaßt, daß sich Leistungen der eigenen Firma mit den Gegenleistungen der anderen Firma cum grano salis sowieso aufheben. Erst genauere Untersuchungen würden ergeben, daß der Saldo eben doch einseitig aktiv oder passiv ist, und dann hätte geplant und abgestimmt bzw. exakt abgerechnet werden müssen. Sicher ist vielfach nicht bekannt, daß bei Nichtverrechnung solcher gegenseitigen Leistungen im Konzern – wenn sie sich eben nicht aufheben – gegen steuerliche Vorschriften (der verdeckten Gewinnausschüttung) verstoßen wird.

– TDM –			Vorab-Meldung Geleistete Dienste			
Konto	Von Kostenstelle	An Kostenstelle	Art der Dienstleistung	Abgestimmt mit (Name/Stellenkurzzeichen)	Betrag 198	Betrag 198
Datum:						
Bearbeiter:						
Unterschrift:				Abgabe am:		an:

Abb. 5: Planungsformular

Schwieriger wird das Vorgehen bei den sogenannten Umlagen, also den Kosten, die von Hilfskostenstellen auf sog. Hauptkostenstellen „umgelegt" werden müssen, bevor eine Auftragsabrechnung durchgeführt werden kann.[28]
Umlagen des Bereiches F & E werden voraussichtlich folgende Kostenarten bzw. Kostenstellen beinhalten:
– Jahresbonus
– Pensionen und Unterstützungen
– Managementkostenstellen der Entwicklung.

---

[28] Nur Hauptkostenstellen oder auch „produktive" Kostenstellen haben eine Bezugsgröße zur Zuordnung der Kosten auf Kostenträger; teilweise empfiehlt sich eine Sammlung in Bereichssammel- bzw. Verrechnungskostenstellen. In Bereichssammelkostenstellen werden Kostenarten gesammelt, welche alle Kostenstellen zumindest eines Bereiches gleichermaßen betreffen. Auf Verrechnungskostenstellen werden Kostenarten gesammelt, welche mit gleichem Schlüssel auf Einzelkostenstellen weiterverrechnet werden, so daß ihr Saldo nach Verrechnung ausgeglichen ist, (z.B. werden Entwicklungsrechner zur besseren Erfassung der Hardware möglicherweise auf einer Kostenstelle geführt und dann an die Abnehmer der Leistung pro Zeiteinheit der Nutzung des Kernspeichers weiterverrechnet).

Umlagen von Kostenstellen außerhalb des Forschungs- und Entwicklungsbereiches betreffen insbesondere:

- Gebäude
- Heizung
- Kantine
- Sicherheitswesen
- Reinigung
- Betriebsrat
- Botenmeisterei
- Personalwesen
- Rechnungswesen.

Um nicht in infinite Abstimmungsprozesse hineinzukommen, die dann entstehen, wenn bei der Umlagenplanung absolute Genauigkeit angestrebt wird, sind für leistende Bereiche wiederum vernünftige Planansätze zu schätzen, und ist für diese dann eine vermutete Inanspruchnahme festzulegen. Sollte es im Ist-Ablauf dazu Abweichungen geben, sollten diese der Einfachheit halber bei der leistenden Stelle als Verschätzung ausgewiesen und auf die empfangene Kostenstelle nur dann abgewälzt werden, wenn im Jahresverlauf grobe Planungsfehler offensichtlich werden und die Verantwortung hierfür festgestellt werden kann (Beispiel: durch CAD-Einsatz verliert ein bisher bestehendes Labor für Maskentechnik an Auslastung aus dem Entwicklungsbereich, so daß gegenüber dem vereinbarten Stundensatz Fixkosten unabgedeckt auf der leistenden Kostenstelle übrig bleiben). Dieser Vorgehensweise haben sich – sofern vorhanden – auch externe Standorte anzuschließen.

Um trotz aller Unwägbarkeiten im Planungsablauf zu vernünftigen Vorgehensweisen zu kommen, ist ein striktes Einhalten eines vorher abgestimmten Terminplanes unumgänglich, der es erlaubt, Werte so früh wie nötig und so spät wie möglich festzulegen, so daß größtmöglicher „input" an Information zum gewollten Vorgehen gewährleistet ist (unter Umständen wäre es dann im oben angegebenen Beispiel des Labors für Maskentechnik möglich gewesen, die Planannahme auf das schon absehbare Maß an personeller Ausstattung herabzusetzen).

Oft stellt es für die Unternehmen ein verwaltungstechnisches Problem dar, wie detailliert fachbereichsübergreifende Aufgaben (Arbeitsverfahren, technologisches Know-How sowie Grundlagen) abrechnungstechnisch am sinnvollsten zu erfassen und abzurechnen sind. Außer der üblichen Auftragsabrechnung und der pauschalen Weiterverrechnung ohne weitere Erfassung gibt es nur eine vertretbare Lösung, nämlich die über sogenannte „Standardvorhaben". Betroffen von solcher Art Arbeiten sind oft immer dieselben Abteilungen der Normung, der Produkttechnologie und der Verfahren. In Standardvorhaben werden nun solche Aufgaben zusammengefaßt, die alle oder viele Bereiche in solchen Abteilungen zu beauftragen pflegen. Die Verrechnung erfolgt mit Hilfe eines Prozentsatzes auf die Entwicklungskosten anhand der Leistung über einen von den Erzeugnisgebieten zur Verfügung gestellten und damit insgesamt finanzierten Sammelauftrag.

Ein ebenfalls besonders gelagerter Fall ist die Kostenerfassung und -verrechnung von Entwicklungstools (z. B. Terminals, Rechner). Auch hier gibt es eine unspezifische Lösung, nämlich die einer Erfassung über die produktiven Personalkostenstellen mit der Konsequenz einer unter Umständen beträchtlichen Erhöhung des Stundenverrechnungssatzes oder dem Führen einer separaten Rechnerkostenstelle mit verursachungsgerechter Verrechnung der entsprechenden Maschinenbelegung. Aus betriebswirtschaftlicher Sicht ist nur die Lösung über eine Rechnerkostenstelle zu befürworten, bietet sie doch allein die Gewähr für eine verursachungsgerechte Kostenzuordnung. Allerdings ist mit administrativem Mehraufwand zu rechnen. Dieser sollte allerdings durch die damit verbundene Zentralisierung der Tools und damit einer besseren Einsatzmittelplanung mehr als wieder eingespielt werden können. Als Kompromißlösung bietet sich an, nur die Fix-Kosten (also die Hardware) in einer separaten Rechnerkostenstelle zu führen und über Dienstleistung an alle Abnehmer weiterzuverrechnen, die variablen Kosten (Operator, EDV-Zeit, Leitungskosten) dagegen über den Ingenieurstundensatz abzurechnen.

Zur Ermittlung des schon genannten Stundenverrechnungssatzes ist neben den beschriebenen Kostengesichtspunkten die Zahl der Stunden zu verwenden, die pro Kostenstelle auch für die Leistungsermittlung zugrundegelegt wurde. Für deren Ermittlung ist ein methodisches Vorgehen nach in Abb. 6 gezeigtem Schema angebracht. Die Stundenanzahl insgesamt hat in den vergangenen Jahren sehr stark nach unten tendiert. Während noch vor wenigen Jahren 2000 Stunden oder diese Größenordnung die Regel waren, sind es mittlerweile schon weniger als 1600 Stunden, die pro Jahr und Mitarbeiter im Durchschnitt geleistet werden. Das ist unmittelbarer Ausfluß der Bestrebungen zur Arbeitszeitverkürzung, allein die Einführung der 38,5 Std-Woche 1985 in Baden-Württemberg hat gegenüber der 40-Stundenwoche eine Absenkung von nahezu 5% des vorherigen Leistungsumfanges mit sich gebracht, die jetzt erreichte 37,5-Stundenwoche geht nochmals darüberhinaus. Ein Vorgehen der Ermittlung der Anzahl Stunden nach dem beigefügten Schema stellt sicher, daß an alle derartigen Einflüsse gedacht wird.

Auf eine Besonderheit, welche die Stundenzahl pro Kostenstelle erhöhen kann, ist aufmerksam zu machen, nämlich auf Überstunden. Überstunden erhöhen die Zahl der Leistungsstunden einer Kostenstelle und müssen dieser als zusätzliche Stundenleistung belastet werden.

Der Stundenverrechnungssatz einer Kostenstelle ist nun nichts anderes als die Division der Netto-Gemeinkosten (d.h. der Brutto-Gemeinkosten unter Berücksichtigung von Dienstleistungs- und Umlagen-Be- und Entlastungen) dividiert durch die so ermittelte Anzahl Stunden.[29]

Bei einem Vergleich zwischen den Stundenkosten der Leistungsplanung und den Stundenkosten der Gemeinkostenplanung wird nun – selbst bei gleicher zugrundegelegter durchschnittlicher Personalzahl – vermutlich immer noch eine Differenz her-

---

[29] Eine Variante dieser Vorgehensweise, nämlich ein Verrechnungssatz pro Tätigkeitsmerkmal (Systemingenieur, Programmierer usw.) innerhalb einer Kostenstelle kann aufgegriffen werden, wenn dadurch größere Genauigkeit bei der Zurechnung erzielt wird. In jedem Fall bedeutet es aber erheblichen Verwaltungsmehraufwand. Dieses Vorgehen kann auch neben dem einheitlichen Stundenverrechnungssatz praktiziert werden, beide – Stundenverrechnungssatz und Verrechnungssatz entsprechend Tätigkeitsmerkmal – müssen dann allerdings nahtlos aufeinander abgestimmt werden. Die Verrechnung erfolgt nur mit dem einheitlichen Stundensatz, Tätigkeitsmerkmale werden aber zur Steuerung des Personaleinsatzes zur Verfügung gehalten und entsprechend eingesetzt.

36 2.0 Der F & E-Controlling-Prozeß

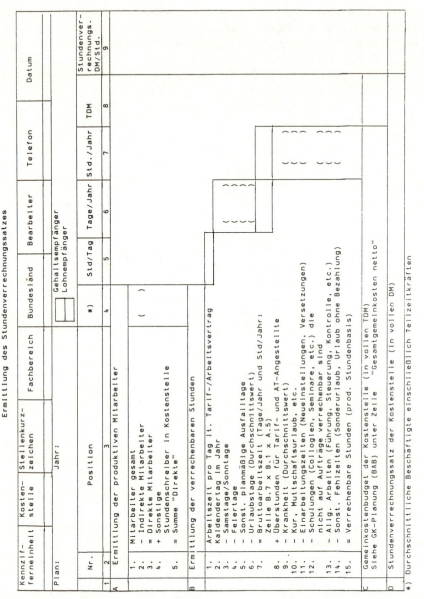

Abb. 6

auskommen, die, wenn sie klein ist, auf Rundungsfehlern beruhen und möglicherweise vernachlässigt werden kann (schließlich müssen Leistungsbeiträge einzelner Stunden zahlreicher Kostenstellen mit Leistungsbeiträgen der einzelnen Kostenstellen untereinander in Einklang gebracht werden). Ist sie jedoch größer, sollte versucht werden sie aufzulösen, um mögliche Fehler aufzudecken und in der nächsten Planung richtige Ausgangswerte zu haben. Diese können in Folgendem liegen:
– Unterschiede in den Annahmen der Personalstruktur auf einer der Seiten
– „Last minute changes" auf einer der beiden Seiten

– Nichtberücksichtigung von Bilanzoperationen (z. B. Erhöhung von Pensionsrückstellungen)
– Unterschiede in der Fix/Variabel-Betrachtung auf beiden Seiten.

Die Ausplanung der nunmehr zu behandelnden Sonderkostenelemente geschieht oft nicht mit der nötigen Sorgfalt. Es wäre durchaus daran zu denken, sie z. B. – dort, wo möglich – ebenfalls über ein Mengengerüst zu entwickeln oder auch gerade hier das „Zero-base-budgeting" anzuwenden, d. h. einen erreichten Ist-Stand einer abgelaufenen Periode eben nicht nur fortzuschreiben, sondern von Grund auf die gesamte Position erst in Frage zu stellen, um sie dann wie erstmalig auszuplanen. Für Material ließe sich durchaus, soweit es sich nicht um geringwertiges Massenmaterial wie Kondensatoren, Widerstände, EDV-Bänder handelt, eine Mengenplanung nach Art einer Stückliste vornehmen. In einem Entwicklungsbereich der Elektrobranche können in diese Position durchaus solche teuren Einzelstücke wie Gestellrahmen, Leiterplatten, Proms und dergl. einbezogen sein. Zu vordergründig sind Argumente wie die notwendige vertrauliche Behandlung von Fabrikdaten (z. B. der Verrechnungswert des genannten Gestellrahmens) oder die in jedem Fall aufwendige Abstimmungsarbeit.

Eine ähnliche Planungs- und Abstimmungsarbeit hat mit dem Einkauf zu erfolgen, soweit extern bezogenes Material betroffen ist. Hier wird oft vereinfachend mit dem Vorjahreswert, erhöht um einen Preissteigerungskoeffizienten, gerechnet, obwohl Struktur und Preisentwicklung sich zwischenzeitlich grundlegend geändert haben können. Auch Preissenkungen kommen vor, wie das Beispiel selbst gewisser Schlüsselbauelemente in den letzten Jahren gezeigt hat. Liegen vom Einkauf herausgegebene Materialpreisgrundannahmen vor – d. h. Annahmen über die zukünftige Preisentwicklung einzelner Materialpositionen – so sollten nach Möglichkeit diese verwendet werden, auch wenn die Planungsarbeit dadurch etwas aufwendiger wird (Mengen und Preise müssen dann eben einzeln ausgeplant werden).

Auftragsbezogene Reisekosten können – neben kostenstellenbezogenen Reisekosten – vorkommen, und sind dann vorgesehen für vom Kunden gewünschte Reisen, die auf Auftrag gebucht und mit diesem abgerechnet werden (z. B. Reisen für Ausbildungszwecke zu einem Lieferanten, nicht z. B. Einladungen des Kunden am Firmensitz des Lieferanten).

EDV-Leistungen sollten in jedem Fall mit einem Mengengerüst unterlegt sein, welches die dahinterstehenden BINS (=Billion Instructions) ausweist. Auch eine Trennung in TSO- bzw. BATCH-Betrieb kann vorgenommen und mit unterschiedlichen Werten versehen werden. Werden darauf aufbauend von der EDV-Abteilung Verrechnungswerte veröffentlicht, so ist darauf zu achten, daß diese ebenfalls auf realistischem Mengengerüst aufgebaut und mit der laufenden Abrechnung im Ist auch tatsächlich verknüpft sind. Falls sich dennoch herausstellt, daß am Jahresende positive oder negative Abweichungen entstehen, so ist darauf zu achten, daß die der Abnahme entsprechenden Abweichungen auch dem Entwicklungsbereich gutgeschrieben oder angelastet werden und nicht auf dem Konto „Non Operating" der Zentrale verbleiben. Schließlich ist darauf zu achten, ob der heute oft vorhandene Rechnerverbund nicht einem Externen (Standort, Werk, Betriebsteil, Konzernfirma, Konsortialpartner) dazu dient, einen fremden Rechner „anzuzapfen", ohne dafür zu bezahlen. Ein solches Vorgehen ist auf dem Gebiet der Rechnerleistung ganz besonders

38   2.0 Der F&E-Controlling-Prozeß

leicht möglich, ein „password" keine zuverlässige Schranke mehr dafür, werden doch diese auch einmal gerne gegenseitig ausgetauscht, dann aber ganz einseitig verwendet. Gerade hier wäre ein „Zero-base-budgeting" vorteilhaft, müßte sich doch dabei schnell zeigen, daß die Planzahlen durch Eigenbedarf gar nicht begründet sein können. Leistungen anderer Firmenbereiche und Fremdleistungen sind kostenrechnerisch einander sehr ähnlich, stellen beide Kostenelemente doch input dar, nur eben nicht des F&E Bereiches selbst, sondern außerhalb liegender Bereiche.

Leistungen anderer Firmenbereiche können z.B. solche der Fabrik, der Verwaltung, oder des Vertriebs sein (Beispiele in derselben Reihenfolge: Modellwerkstatt, Mithilfe bei der Einrichtung eines EDV-Programmes, Mithilfe beim Vertrieb einer Entwicklungssoftware). Insbesondere die Leistungen einer Modellwerkstatt sollten auch unter Mengengesichtspunkten ausgeplant werden, sollen Überraschungen von deren Kostenbelastungen aus Falschplanung vermieden werden (hier handelt es sich zwar um Fixkosten, d.h. Mehrleistungen für die eine Stelle stehen Minderleistungen für eine andere gegenüber, aber für einen einzelnen Produktbereich können Abweichungen dieser Art in jeder der beiden Richtungen erheblich ins Gewicht fallen).

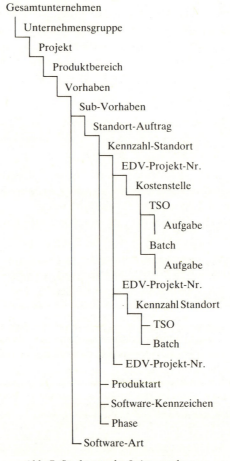

Abb. 7: Strukturen der Leistungsplanung

2.4 Kosten von F&E (die Software)

Bei Fremdleistungen kann es sich einerseits um Werkverträge, andererseits um Unteraufträge an Fremdlieferanten handeln. Die Steuerung von Unterauftragnehmern ist immer ganz besonders schwierig, weshalb es angebracht ist, für jeden der solcher Art vergebenen Aufträge eine eigene Leistungsplanung durchzuführen, wie für eigene Leistungsbeiträge auch.

Die Abschreibungen sollten die Resultante der ins einzelne gehenden Investitionsplanung (z. B. von Rechnerkostenstellen) sein. Auch hier wartet der für die Kosten Verantwortliche möglicherweise auf die Fertigstellung der Arbeit des für die Investitionen Verantwortlichen. Gerade dann ist eine Integration der Daten jedoch unabdingbar und kann sehr früh nützliche Hinweise liefern für durch hohe Investanforderungen bedingten Fixkosten in Form der daraus folgenden Abschreibungen. „Sonstiges" wird unter Mengengesichtspunkten keine Rolle spielen, stellt diese Rubrik doch oft einen Sammelposten für sonst nicht weiter unterzubringende Kosten dar.

Eine wirkungsvolle Steuerung und Kontrolle der Forschungs- und Entwicklungskosten läßt sich nur in dem Maße durchführen, wie die Struktur der Ist-Daten denen der Plandaten entspricht. Wie unabdingbar diese Forderung ist wird daran deutlich, daß es z. B. schwierig ist, Firmenvergleiche in bezug auf den Forschungs- und Entwicklungsaufwand durchzuführen. In einem Fall werden Forschungs- und Entwicklungs-Konzernumlagen einbezogen, in einem anderen nicht, oft weiß man das nicht und vergleicht nur die Benennungen, die in beiden Fällen gleich lauten, nämlich F&E-Aufwand".[30]

Mit „Struktur" ist nun ein Mehrfaches gemeint: nicht nur, daß Gemeinkosten- und Einzelkostenelemente in genau der gleichen Fassung sowohl im Plan als auch im Actual aufgebaut sein müssen, auch die Aggregationsstufen organisatorischer Art müssen deckungsgleich laufen. Nebenstehende Abb. 7 mit dem Aufriß einer Leistungsplanung verdeutlicht diese Zusammenhänge (hier ausgeplant bis zu einer Software-Art im Rahmen einer eventuell erforderlichen gesonderten Software-Buchhaltung).

Kleinstes Identifikationsmerkmal kann z. B. der Entwicklungsauftrag sein, mit einer zwölfstelligen Auftragsnummer, so wie sie daneben auch für Vertriebs-, Werks-, Gemeinkostenaufträge oder für innerbetriebliche Leistungen gebraucht wird. Lassen sich nicht alle erforderlichen Merkmale in einer Serie von zwölf Stellen unterbringen, so kann die Stellenanzahl noch verlängert oder es können zwei Auftragsnummern gebraucht werden mit dem Nachteil, daß dann bei Auftragseröffnung eben jeweils zwei Auftragsnummern vergeben werden müssen. In einem solchen Fall könnten die Auftragsnummern folgende Systematik haben:

Wie ersichtlich, kommt in der Auftragsnummer 2 der „Kostenträger" nicht vor (Merkmal nur der Auftragsnummer 1), sind andererseits in keiner der Auftragsnummern Angaben gemacht bezüglich Unternehmensgruppe oder Gesamtunternehmen. Das liegt daran, daß der Kostenträger ein Sortierungskriterium ist, welches im Entwicklungsbereich nicht verwendet werden kann, handelt es sich hierbei doch um verkaufsfähige Produkte oder Produktgruppen innerhalb von Produktbereichen, nicht aber um Entwicklungsprojekte.

---

[30] Noch schwieriger sind durch diese Art unterschiedlichen Inhalt internationale Vergleiche des F&E-Aufwandes: da kann in einem Fall z. B. Kontraktforschung enthalten sein, in einem anderen Fall nicht.

2.0 Der F&E-Controlling-Prozeß

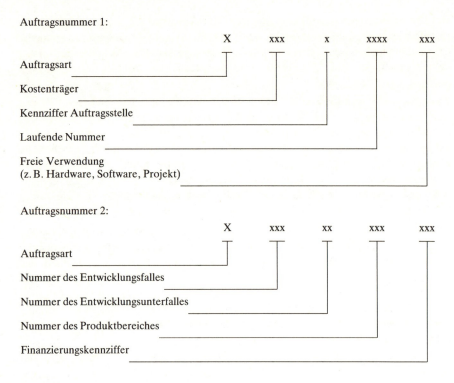

Das Projekt ist nun in der Tat ein für den Entwicklungsbereich wichtiges Sortierungskriterium, werden doch Entwicklungsarbeiten immer in Projektform (oder entsprechenden Untermengen wie Vorhaben, Aufgaben, Arbeitspakete) abgewickelt. Um auch dieses Kriterium anzusprechen muß entweder eine freie Ziffernfolge (z. B. „Freie Verwendung") verwendet oder noch eine dritte Auftragsnummernserie eingeführt werden, die dann allerdings den Nachteil hätte, daß sie mit den beiden anderen nicht verknüpft ist und damit Auswertungen unter Einschluß aller vorhandenen Daten nochmals erschwert werden. Selbst dabei handelt es sich um eine Idealvorstellung, in der Praxis wird es lange Zeit in Anspruch nehmen, EDV-technische Lösungen schrittweise bis zu diesem Ziel einzuführen. Aber selbst auf grober Struktur läßt sich schon eine befriedigende Steuerungstätigkeit durchführen, wie das Beispiel eines Betriebsabrechnungsbogens zeigt (Anhang 11).

Wie gesehen sind etwa 70–80% der Gemeinkosten Personalkosten, der Rest von 20–30% personalabhängige Gemeinkosten. Von den Gesamtkosten, nämlich den Gemein- und den Sonderkosten zusammen genommen, machen die Personalkosten etwa 60% aus. Damit ist es naheliegend, auch Steuerung und Kontrolle der Entwicklungskosten zunächst über eine Steuerung und Kontrolle des Personals, also des Mengeneinsatzes, vorzunehmen. Erstes Problem bei der Erfassung der Personalleistung ist jedoch oft schon der Verfolgung über die Personalentwicklung im Ist. Das vorhandene Entwicklungspersonal kann natürlich gezählt werden und das zu jeder Berichtsperiode. Das wird spätestens bei größeren Einheiten nicht mehr getan, sondern es wird versucht werden, methodisch einwandfrei zu einer Fortschreibung zu gelangen.

2.4 Kosten von F & E (die Software)

Vorraussetzung dafür ist zunächst eine korrekte erstmalige Erfassung des Personals. Da hiermit die Ausgangsbasis aller weiteren Fortschreibungen geschaffen wird ist besondere Aufmerksamkeit erforderlich. Es müssen alle Personalkategorien erfaßt werden, sowie sie im jeweilgen Unternehmen vorkommen. Das können z. B. sein:

- Direkte Mitarbeiter
- Indirekte Mitarbeiter
- Teilzeitbeschäftigte
- Gewerbliche Mitarbeiter
- Leasingkräfte
- Personalabstellungen aus dem Konzern
- Praktikanten
- Aushilfskräfte
- Software-Ingenieure.

Diese Liste – ist sie erst einmal vorhanden – sollte fortgeschrieben werden auf der Basis einer (z. B.) monatlichen Routineabfrage an die Kostenstellenleiter. Damit ist eine exakte Istbasis vorhanden, welche tunlichst die typischen Fehler vermeiden sollte wie:

- Produktives und unproduktives Entwicklungspersonal wird miteinander vermengt[31]
- Lohnempfänger (z. B. Labormechaniker) werden unterschiedlich berücksichtigt, einmal als produktives Personal, einmal separat
- Leasingkräfte werden – da schon längere Zeit im Betrieb anwesend – unter das Eigenpersonal gerechnet
- Einstellungs- und Kündigungstermine werden nicht zeitgerecht im betreffenden Monat berücksichtigt
- „Gechartertes" oder „verchartertes" Personal von Konzernfirmen oder Kostenstellen wird nicht berücksichtigt.

Aus der (monatlichen) Ist-Abrechnung der insgesamt geleisteten Stunden müssen die pro Entwicklungsaufgabe geleisteten Stunden abgeleitet und in Personaleinsatzzahlen umgerechnet werden. Hierzu sind zwei Verfahren gebräuchlich:

- Das auf Basis der Abfrage gemeldete produktive Entwicklungspersonal („Stundenschreiber") wird im Verhältnis zu den produktiven Stunden auf Entwicklungsaufgaben verteilt.
- Aus der Stundenschreibung wird retrograd über die Normalarbeitszeit ermittelt, wieviel Stundenschreiber durchschnittlich im Abrechnungszeitraum verfügbar gewesen sein müssen.

Beide Verfahren haben Vor- und Nachteile, und die Prioritäten im konkreten Fall können die Entscheidung jeweils anders ausfallen lassen. Das zuerst genannte Verfahren zeichnet sich dadurch aus, daß die feste Basis abgezählter Entwicklungsinge-

---

[31] Diese Ausdrücke haben sich für Entwicklungsingenieure einerseits und administratives Personal des Bereiches Forschung und Entwicklung andererseits eingebürgert und werden hier übernommen, obwohl natürlich auch letzteres nach dem täglichen Sprachgebrauch produktive Arbeit leistet.

42 2.0 Der F & E-Controlling-Prozeß

nieure auch für die Zurechnung nicht verlassen wird, daß aber Überstunden, Versetzungen, Neueintritte und Austritte während des Monats, damit die Produktivität bei der Leistungsermittlung, keine Berücksichtigung findet. Bei dem als zweites genannten Verfahren ist die Sachlage genau umgekehrt. Diese Umsetzung des Ist-Bestandes auf Personal-Durchschnitte ebenso wie auf Aufgaben kann dabei selbstverständlich maschinell gemacht werden (vgl. Abb. 8).

```
                                      ***  VERTRAULICHE FIRMENSACHE  ***
                P E R S O N A L S T A T I S T I K    FÜR     EINHEIT         STAND MAI

          B E R I C H T S M O N A T    05.8       STAND                                    DURCH-  FINAL   FORE
BEREICH  STAND   VERÄND  MÄNN- WEIB-  DAVON DAVON 31.12                                    SCHNITT BUDGET  CAST
         15.05.8 Z.VORMO LICH  LICH   TEILZ AZUBI VORJHR  JAN FEB MRZ APR MAI JUN JUL AUG SEP OKT NOV DEZ JAN-MAI    31.12
KOST 6120
  ANG.
  GEW.
  EFT
  DIREKT
  INDIR.
KOST 6130
  ANG.
  GEW.
  EFT
  DIREKT
  INDIR.
KOST 6260
  ANG.
  GEW.
  EFT
  DIREKT
  INDIR.
KOST 6770
  ANG.
  GEW.
  EFT
  DIREKT
  INDIR.
KOST 6780
  ANG.
  GEW.
  EFT
  DIREKT
  INDIR.
    GESAMT
  ANG.
  GEW.
  EFT
  DIREKT
  INDIR.
```

Abb. 8

Die im Ist zu verfolgenden und im Betriebsabrechnungsbogen (BAB) aufgeführten Kostenarten entsprechen denen an früherer Stelle genannten und sind direkt der Kontenklasse 4 entnommen bzw. mit dem entsprechenden EDV-Verfahren verknüpft. Im Beispiel-BAB des Anhang 11 werden in der Kopfzeile links von den Kostenarten die Werte „im" Berichtsmonat aufgeführt, rechts davon die Daten „per" Berichtsmonat bzw. „per" Gesamtjahr. Aufgeführt werden Soll und Ist, beim „Soll per" nicht nur das ursprüngliche Budget, sondern auch eine eventuelle revidierte Vorgabe. Hier werden Kostenveränderungen während des Jahres einbezogen, die notwendig geworden sind, um aufgekommene neue Ziele erreichen zu helfen.

Bei der Annahme solcher Ziele muß mit Bedacht vorgegangen werden, wenn vermieden werden soll, daß ein Kostensenkungsziel auf die Gemeinkosten abgewälzt wird, wo eine Kürzung von Einzelkosten bei gleicher Leistung erforderlich wäre. Oft ist es leichter, ein Kostensenkungsprogramm in die Gemeinkosten einzustellen als an Einzelkostenelementen wie EDV oder Testanlagen Abstriche zu machen oder mit dem auftraggebenden Produktbereich ins Gespräch zu gehen, an welchen Aufgaben Ab-

2.4 Kosten von F & E (die Software) 43

striche gemacht werden müssen, um das neue Ziel zu erreichen. Die schwierigste Aufgabe wäre es schließlich, im Entwicklungsbereich nach Möglichkeiten zur Effizienzverbesserung zu suchen, sei es durch Pooling von Ressourcen (von Meß- und Prüfgeräten etwa) oder durch anspruchsvollere Zielsetzungen etwa bei der Erstellung von Statements in der Software-Produktion. Auch verfahrenstechnisch ist es oft leichter, eine solche unverbindliche neue Vorgabe einzustellen und im Falle des Nichterreichens „Variances" vorzufinden (Abweichungen zwischen Istanfall und dessen Verrechnung mittels Stundensatz), die als neutraler Aufwand entweder gar nicht oder nach selbst nicht zu vertretenden Schlüsseln auf Produktbereiche aufgeteilt werden. Im Falle der korrekten Auseinandersetzung mit der neuen Zielvorgabe hätten stattdessen u. U. umfangreiche Neuplanungen durchgeführt werden müssen, die im vorhinein bis auf das einzelne Kosten- oder Leistungselement festgelegt hätten, was sich zu ändern hat. Ein Beispiel eines Gemeinkosten- und eines Einzelkostensenkungsprogrammes und dessen Herleitung aus langfristig realisierten Durchschnitten pro Kopf in der Vergangenheit ist in den Abb. 9 und 10 aufgeführt.

Kostenart	Vom Kostenstellenleiter durchzuführende Maßnahmen
Überstunden	a) Stop im direkten Bereich (Verwaltungsbereich) b) Überprüfung durch Kostenstellenleiter auf Notwendigkeit von geplanten Überstunden im direkten Bereich und Begrenzung auf das Notwendigste.
Büro- und sonstiges Gemeinkostenmaterial	a) Verbrauch der Büromaterialbestände in den Sekretariaten vor Neuanschaffungen b) Senkung der Kopierkosten c) Ausleihen von Büchern statt Neuanschaffung.
Instandhaltung	a) Keine Instandhaltung von Büroräumen bis zum 31. 12. (Verschönerungen wie z.B. tapezieren, Teppichboden auswechseln usw.) außer den bereits genehmigten b) Durchführen von Kurzerhandaufträgen nur in Ausnahmefällen. Hiefür Sondergenehmigung durch nächsthöheren Vorgesetzten.
Geringwertige Wirtschaftsgüter	Keine Genehmigung mehr (außer dringende Ausnahmefälle und bei Neueinstellungen).
Porto- und Fernmeldegebühren	Konzentration auf das Wesentliche bei Ferngesprächen, stattdessen vermehrt Telefax, Telex usw.
Reise und Repräsentationskosten	a) Einschränkung von Reisen allgemein b) Einschränkung von „Mitreisenden" c) Reiseanträge sind in jedem Fall durch Bereichsleiter zusätzlich zu genehmigen.
Gebühren/Fremde Dienste	a) Vor Antrag von fremden Diensten sind Alternativen eigener Möglichkeiten zu überprüfen b) Keine Neugenehmigung von Werkverträgen.
Anwerbung und Schulung von Mitarbeitern	Reduzierung von Schulungs- und Seminarkosten auf ein Mindestmaß. Keine Mehrfachteilnahme an ein- und demselben Kurs.

Abb. 9: Hinweise auf mögliche Kostensenkungsmaßnahmen in den Gemeinkosten

Material
Verstärktes Controlling von Materialbezügen aus dem Vertriebslager, die über die Vertriebsplanungsstellen aufgrund von Bestellungen aus dem Entwicklungsbereich ausgelöst werden.
Verstärktes Controlling von Materialbezügen aus dem Fabriklager und von Fremdlieferanten, die vom Entwicklungsbereich direkt ausgelöst werden.
Ziel: DM/Arbeitskraft p. a.

Reisen
Untersagung von mehr als einem Reisenden zu einem Zielort.
Gezielte Reduzierung von Reisen zu Tagungen, Messen, Seminaren und sonstigen Ausbildungsveranstaltungen.
Ziel: DM/Arbeitskraft p. a.

EDV-Kosten
Einführung eines Genehmigungsverfahrens für Rechnerleistungen (BIN-Verbrauch).
Ziel: DM/Arbeitskraft p. a.

Leistungen anderer Bereiche
Einführung eines Genehmigungsverfahrens für Kurzerhand-Aufträge an Modellwerkstatt bzw. sonstige Fertigungsstellen.
Ziel: DM/Arbeitskraft p. a.

Abb. 10: Ansatzpunkte für Einzelkosten-Kürzungsmöglichkeiten

Steuerung nicht retrograd über Budgetrevisionen sondern sozusagen nach vorn über neue Forecasts (die dann in eine Neuplanung einmünden) sind direkter Ausfluß des Gedankens, daß eine Abweichung vom Plan (sowohl zum Positiven wie zum Negativen hin) nur dazu benutzt wird, daraus für die Zukunft die nötige Schlußfolgerung zu ziehen. Ein mögliches System dafür ist – auch für den Entwicklungsbereich – das Führen von „Hard- und Softspots". Dabei bedeutet Hardspot eine potentielle Verbesserung gegenüber einem bestehenden Plan, Softspot eine potentielle Verschlechterung. Dieses System wirkungsvoll durchzuführen verlangt von allen Beteiligten Ehrlichkeit und Regelmäßigkeit und sieht wie folgt aus:

Aus dem Soll/Ist-Vergleich wie oben beschrieben ergeben sich Abweichungen, die auf ihre Gründe hin zu untersuchen sind. Aus diesen Gründen ergeben sich Schlußfolgerungen für die Zukunft unterschiedlicher Art, je nachdem ob es sich handelt um:

- Einmaleffekte
- Zeitliche Verschiebungen
- Verschätzungen
- Inhaltliche Veränderung
  – seitens Auftraggeber (Produktbereich)
  – seitens Auftragnehmer (Entwicklung)
- Buchungsfehler.

Einmaleffekte werden sich bis zum Jahresende durchziehen, müssen also, wenn sie schon geschehen sind, in einen neuen Forecast aufgenommen werden. Zeitliche Verschiebungen heben sich entweder im Jahresverlauf auf, belasten das neue Geschäftsjahr, oder sind – wenn sie sachlich in ein neues Geschäftsjahr gehören, aber schon abzurechnen sind – durch aktivische Rechnungsabgrenzung abzufangen. Rückstellungen müssen eingestellt werden, sofern ein laufendes Geschäftsjahr den Aufwand tragen muß, aber umgekehrt eine Abrechnung erst im neuen Geschäftsjahr erfolgen kann. Bei Verschätzungen handelt es sich um Planungsfehler, die eingestanden werden müssen und die in ihrer Grundauswirkung fortwirken werden. Hier ist eine Entscheidung darüber zu treffen, wie damit umgegangen werden soll, wobei es prinzipiell folgende Alternative gibt: entweder man rechnet vom Ausgangszeitpunkt aus, was die Folgezeit durch Fortwirken desselben Planungsfehlers ergeben wird und stellt diesen Betrag in den neuen Forecast ein (was vermutlich von den ergebnisverantwortlichen Bereichen nicht angenommen wird), oder es wird sogleich danach gesucht, welche Maßnahmen Ergriffen werden können, um dieser Abweichung noch entgegenzuwirken. Bei beiden Vorgehensweisen ist darauf zu achten, daß die Zeitkomponente gebührend berücksichtigt wird. Dazu zwei Beispiele: wird zur Jahresmitte ein Personalminderbestand gegenüber einem gedachten Aufbauplan konstatiert und soll versucht werden, diese Lücke durch verstärkte Personalanwerbungsaktivitäten aufzuholen, so wird das für das Erreichen der geplanten Jahresleistung nur dann möglich sein, wenn für die Restmonate überproportional Personal zugeführt wird. Der Grund liegt darin, daß sich zwar vielleicht noch ein gedachter Jahresendstand an Personal erreichen läßt, nicht aber mehr die Durchschnittsleistung, auf die allein es von der Entwicklungsarbeit her gesehen ankommt. Die zu Jahresbeginn zu wenig erbrachten Stunden sind endgültig verloren und können durch die für den Jahresdurchschnitt nur geringer sich auswirkenden Restmonate nicht wieder eingeholt werden (vgl. dazu Anhang 15). Umgekehrt läßt sich ein Fall denken, in dem z. B. Material auf Entwicklungsauftrag von fremder Seite angefordert werden mußte, an das nicht gedacht worden war, das aber verfahrenstechnisch noch nicht sicher gesteuert werden kann (z. B. wegen im Entwicklungsbereich nicht vorhandener Stücklisten, oder wegen fehlender Verrechnungspreise). Dieser Mehrverbrauch wird in den Folgemonaten nicht so schnell durch Minderverbrauch ausgeglichen werden können, so daß die aufgelaufene negative Abweichung bis Jahresende wieder kompensiert werden könnte und im Gesamtjahr eine Abweichung nicht mehr auftritt.

Inhaltliche Veränderungen sprechen ganz besonders das eingangs erwähnte Wort „Ehrlichkeit" an. Es kommt hierbei darauf an, offenzulegen, daß die Lösung auf anderem als ursprünglich gedachtem Wege versucht werden mußte zu erreichen. Die Ursache dazu kann auf Seiten des anfordernden Produktbereiches genauso liegen wie auf Seiten des einzelnen Entwicklers. Das ist durchaus normal und wenn es frühzeitig gemeldet wird (so daß Gegenmaßnahmen ergriffen werden können) auch durchaus tolerierbar. Nachteilig ist nur, wenn solche Vorgänge vertuscht oder mit anderen Vorgängen aufgerechnet werden, so daß sie sich zum Jahresende auswirken werden und nur noch festgestellt werden können. Buchungsfehler können meist noch im Jahr korrigiert und damit zum Verschwinden gebracht werden. Mit Sicherheit führen sie sonst an anderer Stelle zu einer Unstimmigkeit.

Eine weitere im Hard/Softspot-System zu klärende Frage ist die nach der Beobachtungsebene: Sollen Aggregationen verfolgt werden (Projekte), Kostenelemente (Kostenarten), Finanzierungselemente (Lokale Entwicklungskosten) oder mehreres gleichzeitig, z. B. Kosten einerseits und deren Finanzierung andererseits? Hier ist nach Möglichkeit ein Verantwortlicher zu suchen, der in die Abweichung noch in einer gewollten Weise eingreifen kann. Dieser kann in allen genannten Strukturelementen gefunden werden. Wie gesehen ist es nicht so wichtig, Vergangenes aufzudecken um es konstatieren zu können, sondern nach Aufdecken solcher Tatbestände an Lösungen mit Auswirkung auf die Zukunft zu arbeiten, und dazu gehört immer ein Verantwortlicher. So ist es auch nicht zu verstehen, wenn auf die neuesten Ist-Zahlen und den letzten Ausdruck des Soll/Ist-Vergleiches gewartet wird, um zu einer Aussage zu kommen. Wer sein Geschäft – auf welcher Ebene auch immer – „im Griff" hat, braucht eine solche letzte Information nicht, sondern hat bereits Vorgänge im Visier, die – was immer auch im Ist ankommt – in eine positivere, vor allem gewollte Richtung führen können.

2.5 Finanzierung von F&E

Die Leistungsplanung ist zu vervollständigen um eine Finanzierungsplanung, welche sicherstellt, daß die Finanzierung der geplanten und zu erbringenden Leistung auch gesichert ist. Ziel ist es dabei, Kosten und Finanzierung in Einklang zu bringen, d. h. beide Summen müssen den gleichen Wert ergeben, den Gesamtaufwand für Forschung und Entwicklung. Solange das nicht der Fall ist – und gerade am Finanzierungspotential wird es oft mangeln – müssen selbstverständlich auch am Kostenvolumen möglicherweise noch Abstriche gemacht werden. Die externen Finanzierungszusagen sollten gesichert sein und nicht zu optimistisch angesetzt werden, muß doch das Unternehmen sonst mit eigenem Ergebnis „einspringen". Das ist dann aber aus zwei Gründen ganz besonders schlechtes Controlling: Erstens werden unter Umständen Kosten eingegangen, die nur schwer wieder abgebaut werden können (das trifft besonders auf Personalkosten zu), und zweitens wird die mangelnde Finanzierungszusage oft in einem Moment festgestellt, zu dem sich nichts mehr ändern läßt, nämlich zum Jahresabschluß. Das kommt bei Entwicklungszuschüssen der Muttergesellschaft ebenso vor wie bei Entwicklungsleistungen für andere Bereiche.

Als Finanzierungsbeiträge kommen das eigene Ergebnis und folgende Beiträge in Frage:

- Eventuelle Entwicklungszuschüsse der Muttergesellschaft
- Forschungs- und Entwicklungszuwendungen öffentlicher Geldgeber
- Übernahme der Entwicklungsergebnisse in die Kosten und damit Verantwortung anderer Leistungsbereiche
- Aktivierung der Entwicklungskosten, sofern und soweit ein Entwicklungskontrakt eines Auftraggebers vorliegt.

Wichtigste Finanzierungsquelle ist somit das Ergebnis eines Unternehmens, d. h. F&E-Aufwendungen müssen, so wie sie anfallen, verdient werden. Damit wird sogleich ihr Charakter als Zukunftsinvestition deutlich, denn zum ganz überwiegenden Teil handelt es sich auf diesem Gebiet um laufenden Aufwand des Geschäftsjahres bzw. auch um Ausgaben, – müssen doch die Gehälter der Entwicklungsingenieure auch laufend ausbezahlt werden. Der Ertrag aus dem F&E-Anstrengungen fließt demgegenüber – wenn überhaupt – dann erst in der näheren oder ferneren Zukunft. Hiermit kommt das Dilemma zu Tage, daß nämlich ein Unternehmen, um zukünftige

Erträge erwirtschaften zu können, zunächst einmal Vorleistungen erbringen muß. Das aber mag gegen die Interessen der Aktionäre gerichtet sein, die auf ihr eingesetztes Kapital hier und heute einen guten Ertrag erwirtschaften wollen. Auch die Firmeninteressen müssen abgewogen werden, wie nämlich das Ertragsniveau heute mit den Zielen der F&E-Anstrengungen morgen in Einklang steht. Sowohl das eine wie das andere kann sich sehr schnell verflüchtigen, also z.B. durch momentan zu hohen F&E-Aufwand die Gewinne mit der negativen Konsequenz, daß das Unternehmen als wenig ertragreich gilt und so möglicherweise an Attraktivität auch gegenüber Kunden verliert, als auch die F&E-Auswirkungen durch Verflüchtigung der Produktattraktivität, und das trotz zunächst noch hoher oder sogar gestiegener Gewinne.

Eine mögliche Finanzierungsquelle sind auch Entwicklungszuschüsse einer eventuell vorhandenen Muttergesellschaft. Sie gehen direkt und unmittelbar in das Ergebnis ein und vermindern in diesem Maße die zuvor genannte Finanzierungsquelle des eigenen Ergebnisses. Allerdings kommen derartige Zuschüsse zumeist von denselben Tochtergesellschaften her, denen sie später wieder als Zuschuß gegeben werden, so daß man sich fragen muß, warum dieser Finanzierungsweg überhaupt beschritten wird. Der Grund liegt oft darin, daß in einem Konzern zwar einerseits vermieden werden muß, daß F&E-Bemühungen an mehr als einer definierten Stelle gemacht werden, daß aber Ergebnisse daraus allen daran interessierten Stellen zur Verfügung stehen sollen. In diesem Prozeß greift nun steuernd die Muttergesellschaft ein, die nach bestimmten Kriterien allen Untergesellschaften eine Beitragspflicht in einem gemeinsamen Pool auferlegt, aus dem sie dann – nach Abzug eigener Verwaltungskosten – die Zuschüsse bezahlt, diese aber zweckgebunden vergibt im Ausmaß von der Projektarbeit, welche firmenübergreifend verwendet werden kann und als Knowhow-quelle zumindest angeboten wird. Hier sind durchaus Differenzierungen möglich, nämlich nach Entwicklungsarbeiten, die grundsätzlich allen Schwesterfirmen angeboten werden („generische" Arbeiten) und solchen, wo das nur für Teilarbeiten oder für spezifische Länder zutrifft. Solche Regelungen können sehr kompliziert werden und die Steuer- und Rechtsabteilungen der betreffenden Konzerne lang beschäftigen. Vertraglich und steuerlich zu regeln sind u. U. umfangreiche Beziehungen hinsichtlich:

- der Entstehung und Weiterverwendung eigener Entwicklungsarbeiten im Konzern
- des Know-how-Zuflusses von Konzern-Schwesterfirmen
- der Zahlungspflicht in einen gemeinsamen Pool mit der Möglichkeit von Rückflüssen daraus.

Diese müssen sich ergänzen und insgesamt ein ausgewogenes Gebilde ergeben, wenn nicht die für die Finanzbehörden besonders interessanten Fälle der verdeckten Gewinnausschüttung oder von verdeckten Einlagen heraufbeschworen werden sollen.

F&E-Zuschüsse in einer ganz ähnlichen Art kann es auch von öffentlichen Stellen geben, die – genauso wie im eben beschriebenen Fall der Know-how-Weitergabe an Schwesterfirmen im Konzern – an einer Know-how-Weitergabe an Fremdfirmen oder andere staatliche Stellen interessiert sind. Solche Aufträge werden „Zuwendungsaufträge" genannt und vermindern den eigenen Ergebnisbeitrag wieder direkt und endgültig. Um derartige Zuwendungsaufträge muß allerdings oft gerungen werden, denn erstens sind staatliche Gelder haushaltsmäßig begrenzt und zweitens gibt es auch dabei die Konkurrenz anderer Firmen, die glauben, diesen F&E-Auftrag genauso durchführen zu können. Hinzu kommt, daß mit dem Know-how-Aufbau im eigenen Unternehmen doch ein Aktivum geschaffen wird, welches bei späteren Gelegenheiten gewinnbringend eben auch im eigenen Unternehmen weiterverwendet werden kann. Um hier wieder einen gerechten Ausgleich herbeizuführen ist die früher gängige Praxis der vollen Zuwendung zurückgenommen worden auf eine Unterstützung in Höhe von zumeist 50%, so daß die andere Hälfte als Eigenleistung vom beauftragten Unternehmen selbst zu übernehmen ist.[32]

Während mit den zuvor genannten beiden Finanzierungsquellen eine endgültige Ergebnisentlastung erreicht wird, gibt es zwei weitere solcher Quellen, wo das nur scheinbar zu Gunsten des Ergebnisses geht, in Wirklichkeit jedoch nur eine Verschiebung auf einen anderen Bereich oder in eine andere Periode erfolgt. Hier wird gedacht an F&E-Leistungen für andere Bereiche bzw. zu aktivierende Entwicklungsaufwendungen.

Im ersten Fall beauftragt z.B. das Messe- und Ausstellungswesen einer Firma die Entwicklungsabteilung damit, ein neues Produkt oder System auf dem Messestand aufzubauen und „bezahlt" auch dafür. Damit allerdings wird die Ergebnisbelastung lediglich von der einen Stelle auf die andere Stelle verschoben, die Firma als Ganzes kommt an den Aufwendungen für den Standaufbau nicht vorbei. Derartige Leistungen kann es für alle anderen Bereiche eines Unternehmens geben und sind auch üblich und angebracht, vermindern aber wie gesehen nicht die F&E-Aufwendungen insgesamt.

Der letzte hier zu behandelnde Fall sind zu aktivierende Entwicklungsaufwendungen, bei denen also ein Kundenauftrag vorliegt, der aber erst in einer späteren Periode abgerechnet wird. Liegt vor Abrechnung ein Bilanzierungstermin, so müssen derartige Aufwendungen - genauso wie angearbeitete Fabrikvorräte – in die Bestände gebucht (eben „aktiviert") werden. Sie bleiben weiterhin Entwicklungsaufwand, vermindern aber in Höhe der Aktivierung die Notwendigkeit, in entsprechender Höhe einen Ergebnisbeitrag leisten zu müssen. Das erfolgt erst, wenn der Auftrag abgerechnet und der „Bestand" zum „Einstand", also zu (lediglich vorgeleistetem) Aufwand dieses Auftrages wird.

2.6 F&E-Invest (die Hardware)

Mit F&E-Invest sind im wesentlichen die Anschaffungen für Meß- und Prüfgeräte sowie für Testanlagen gemeint, die – jedenfalls in High-Tech-Unternehmen der Elektroindustrie – nicht selten 10% der Entwicklungsaufwendungen und 30% des Gesamtinvests einer solchen Unternehmung ausmachen können. Insofern ist ein Investitionscontrolling unabdingbar.

---

[32] Ähnlich ist es auf dem Gebiet der Investitionen: hier werden u.U. „Sonderbetriebsmittel" vom öffentlichen Auftraggeber zur Verfügung gestellt, die diesem nach Auftragsabwicklung wieder zufallen.

2.6 F & E-Invest (die Hardware)

Probleme ergeben sich wieder bereits bei der Frage, ob die Organisation für das Investitionscontrolling zentral oder dezentral eingerichtet werden soll. Ein funktionsbezogenes Investitionscontrolling erweist sich auch hier als sinnvoll, besteht doch andernfalls die Gefahr von Fehlallokationen.

Einmal sind zentrale Stellen vorteilhaft, die in der Technik soweit „zu Hause" sind, daß die Investitionsanträge nicht nur verwaltungsmäßig bearbeitet, sondern aus eigener Kenntnis beurteilt werden. Rechnerergänzungen, Hardware-upgrades, CAD-Strategien und die im Umfeld mit Invest auftretenden Probleme von Software-releases müssen so vertraut sein, daß konstruktive Vorschläge dazu gemacht werden können. Leasing-Fianzierungen müssen beurteilt werden können.

Ähnlich wie bei der Zuteilung verfügbarer Mittel auf Entwicklungsprojekte sind auch auf dem Investitionsgebiet die zwei Kernfragen

- wie hoch soll das Investitionsbudget insgesamt sein,
- welche Entwicklungsprojekte sollen damit dotiert werden?

Für die Lösung der Frage nach der Höhe des Investitionsbudgets gibt es natürlich Anhaltspunkte durch nationale und internationale Vergleiche mit anderen Firmen (sofern sie beschafft und vergleichbar gemacht werden können). Auch gibt es Firmenpraktiken, die über mehrere Jahre eingespielt sind und die fortzusetzen oder auch einmal zu unterbrechen sind. Soll z. B. über die (verdienten) Abschreibungen hinaus investiert werden oder soll darunter geblieben werden? Soll eher in Hardware investiert werden oder in Software (die dann keine Investitionsmittel verschlingt, sondern Entwicklungsaufwand bedeutet und durchaus oft miteinander austauschbar ist)? Welche Rechnerstrategie wird verfolgt (große zentrale – kleine dezentrale Rechner)? Soll überhaupt selbst investiert werden oder ist ein so schneller technischer Wandel zu erwarten, daß besser einmal ein Anlagegut geleast wird (z. B. CAD-Anlagen)? Es sind also zahlreiche Überlegungen anzustellen, bevor erwartet werden kann, zu optimalen Lösungen zu kommen, und diese können langwierig und schwierig sein.

Wird dann nach Festlegung einer Zielgröße an die Einzelplanung gegangen, so empfiehlt es sich, vor Beginn der Planungsarbeit z. B. pro Produktbereich wieder Zielgrößen bekanntzugeben. Meldungen sind nur entgegenzunehmen, soweit diese Zielgrößen nicht überschritten werden (evtl. mit gesonderten Meldungen zu Mehrbedarf). Wird nicht so vorgegangen, so zeigt es sich schnell, daß die eingereichten Meldungen nur Wunschlisten darstellen, z. T. aber jeder Realität entbehren und nicht zu finanzieren sind. Dies bedeutet erneut erheblichen Planungs- und Abstimmungsaufwand, diesmal aber dann nicht von den anfordernden Bereichen, sondern von der Planungsabteilung selbst. Diese aber hat es viel schwerer, zu bündigen Lösungen zu kommen, da die Abstimmungsprozesse dann ein zweites Mal von dieser durchgeführt werden müssen, während im anderen Fall zumindest angenommen werden konnte, daß sich die anfordernden Stellen schon zu abgestimmten Meldungen durchgerungen haben, also eine erneute „Schleife" nicht durchgeführt zu werden braucht.

Die Höhe der Zielvorgabe – z. B. für einzelne Entwicklungs-Fachbereiche – kann durch Modellrechnungen substantiiert werden. Diese können z. B. den investierten Buchwert und den Zugang pro (direkten) Mitarbeiter in der Entwicklung sowie den technischen Innovationsgrad berücksichtigen (für ein Forschungszentrum höher als für eine Entwicklungsabteilung, die auf digitale Meß- und Prüfgeräte umstellt, für eine Entwicklungsabteilung wiederum höher als für eine Konstruktionsabteilung, soweit nicht ein Sonderinvest für CAD/CAM zu berücksichtigen ist).

Es ist unumgänglich, trotz oder gerade wegen der vorher genannten Planungsarbeit über die Wirtschaftlichkeit größerer Investitionsprojekte Rechenschaft abzulegen. Das braucht nicht für jedes einzelne Wirtschaftsgut zu erfolgen, aber ab einer – für jede Unternehmung anders zu definierenden – Größenordnung eines einzelnen Investitionsvorhabens oder eines Bündels von miteinander verbundenen Investitionsvorhaben sollte das erfolgen. Das Haupterfordernis für jede Art Wirtschaftlichkeitsrechnung (vgl. hierzu die entsprechende Literatur)[33] ist die Gruppierung der anzuschaffenden Wirtschaftsgüter zu einem Investitionsprojekt, für das eine Ergebnis- oder zumindest eine Kostenauswirkung sinnvoll feststellbar ist.

Ein Investitionsprojekt ist ein Vorhaben, welches Ausgaben für die Anschaffung von Anlagegegenständen zur Erreichung eines bestimmten Zieles einschließt und von jeder anderen Einheit (z. B. Produktbereich) als der betroffenen unabhängig ist, so daß Ergebnisse meßbar sind, die einen bestimmten Beitrag zum Gesamtgeschäft leisten. Um „Projektemischungen" zu vermeiden, ist die jeweils niedrigste Stufe der Geschäftstätigkeit zu suchen, auf die ein solcher Einfluß gerade noch festgestellt werden kann. Andererseits muß diese Stufe so groß gewählt werden, daß keine „Projektfragmente" mehr bestehen, welche den Projektzusammenhang nicht erkennen lassen würden. Ein ganzer Produktbereich ist fast in jedem Fall ein zu großer Maßstab. Erst damit wird Sicherheit darüber gewonnen, welche Entwicklungsprojekte mit welchen Investmitteln dotiert werden sollen.

Welche Fragen dabei auftauchen sei an zwei praktischen Fällen dargestellt: besteht eine Rechneranlage aus Steuereinheit, Peripherie, Netzwerk und Betriebssoftware und werden zahlreiche über die Jahre erforderlichen Geräte dieser Konfiguration zu einem Investitionsprojekt zusammengefaßt, diese aber im praktischen Fall wechselweise und je nach Bedarf bzw. Absprache in mehreren gewinnverantwortlichen Produktbereichen eingesetzt, so ist es falsch, wenn diese Investition von nur einem Produktbereich beantragt und die Daten dieses Produktbereiches als Bezugsdaten herangezogen werden. Die Ergebnisse wären schlecht und nicht aussagefähig, da die Bezugsdaten zu klein gewählt wurden (Scheinprojekte).

Wird dagegen (z. B. weil Investmittel nur über einen Mehrjahresturnus zu beschaffen sind oder weil Genehmigungsgrenzen eingehalten werden sollen) eine Wirtschaftlichkeitsrechnung nur für den Zentralrechner durchgeführt, so sind die ermittelten Daten ebenfalls nicht aussagefähig, da die Bezugsdaten zu groß gewählt wurden (Projektfragment).

Bei der Zusammenstellung einzelner Wirtschaftsgüter zu Investitionsprojekten ist also sorgfältig vorzugehen. Dabei muß unterschieden werden zwischen Investitionsprojekt und Entwicklungsprojekt, wobei sich der Inhalt nur dann deckt, wenn – wie

---

[33] Aufgeführt in: ZVEI-Schriftenreihe 5, Leitfaden für die Beurteilung von Investitionen, herausgegeben vom Betriebswirtschaftlichen Ausschuß des Zentralverbandes der Elektrotechnischen Industrie e. V., Frankfurt/Main 1971.

bei Forschungsprojekten üblich – ein Produkt mit Umsätzen und Ergebnissen noch gar nicht ausgemacht werden kann oder wenn ein Produktbereich mit einem Technologiegebiet identisch ist. In der Regel wird ein Entwicklungsprojekt mehrere Investitionsprojekte erfordern.

Ein häufig vorkommendes Mißverständnis besteht nun darin, daß „Einplanung" eines Investitionsprojektes in den laufenden Plan und die „Wirtschaftlichkeitsrechnung" für dasselbe Projekt nicht als zwei, sondern als ein- und derselbe Vorgang angesehen werden. Das sollte allerdings nicht der Fall sein, vielmehr sollten beide Vorgänge voneinander getrennt gehalten werden, da sie auf völlig unterschiedlichen Zielsetzungen beruhen. Erst wenn beide Rechnungen in diesem Sinne als getrennte Vorgänge verstanden werden, kann das dazu führen, daß unzureichende Ergebnisse von einer dieser Rechnungen ein Investitionsprojekt zu Fall bringen können, und diese Aussage stößt oft auf Unverständnis bzw. auf heftigen Widerstand.

Unzureichende Ergebnisse im Falle der Einplanung heißt dann schlicht, daß die Einplanung überhaupt vergessen oder nur teilweise berücksichtigt wurde. Trotz möglicherweise positiver Daten der Wirtschaftlichkeitsrechnung kann das Projekt dann nur genehmigt werden, wenn vorher feststeht, welche anderen – möglicherweise sogar in anderen Bereichen eingeplanten – Investitionsprojekte dadurch verdrängt werden sollen, – es sei denn, die Überschreitung wird akzeptiert. Unzureichende Ergebnisse im Falle der Wirtschaftlichkeitsrechnung heißt z.B. einen Return on Investment < 15% oder einer Pay-Back-Periode > 3 Jahre.

Als eine geeignet erscheinende Ausweichsmöglichkeit, um aus einer Investklemme herauszukommen, wird oft das Leasing angeführt, und zwar in der Form, die – da mietähnlich – als Aufwand verbucht werden kann (sog. Operating Lease im Gegensatz zu Capital Lease). Es kann nun Fälle geben, in denen diese Alternative tatsächlich sinnvoll anzuwenden ist, z.B. wenn:

- Gegenstände nur kurzfristig oder nur für bestimmte Aufträge benutzt werden, ein Wiederverkauf zu einem akzeptablen Preis jedoch nicht abzusehen ist,
- Gegenstände durch technischen Fortschritt sehr schnell veralten, das Anschaffungsrisiko zum vollen Anschaffungspreis aber nicht eingegangen werden soll,
- Investitionsmittel knapp sind und die Beschaffung über Leasing nicht wesentlich teurer ist als Kauf.

Gerade die letztgenannte Bedingung wird es in den seltensten Fällen allerdings geben, vielmehr kann davon ausgegangen werden, daß Leasing im Regelfall um bis zu 20% teurer ist als Kauf und insofern unter normalen Bedingungen immer ausscheiden muß. Das muß auch schon fast aufgrund des Wegfalls der Investitionszulage für Forschung und Entwicklung der Fall sein (7,5% im Bundesgebiet ohne West-Berlin entsprechend dem Investitionszulagengesetz, allerdings im Rahmen der Steuerreform auslaufend). Es ist also oft die Knappheit von Investmitteln, die auf Leasing ausweichen läßt, auch wenn es sich ökonomisch nicht immer rechnet.

Trotz bester Planung wie beschrieben braucht der Ist-Verlauf, die Investitionsdisposition, auf die nachstehend eingegangen werden soll, nicht reibungslos vonstatten zu gehen.

So ist es gängige Praxis, daß sich im Verlauf des Planjahres die Anforderungen ändern, der Lieferant gewechselt wird, eine neue Gerätegeneration vorgestellt wird, eine Preissenkung/Preiserhöhung bekanntgegeben wird. Es spricht also vieles dafür, ein System zur Verfolgung der Investitionsdisposition zu installieren, um mit jeder durchgelaufenen Investitionsfreigabe den neuen Status ermitteln zu können, der es dann auch erlaubt, aufgrund fehlender oder freier Gelder im voraus Umdispositionen vorzunehmen.

Dieses System sollte auch aussagefähig sein bezüglich der Bestellungen, die auf dem Laufweg sind (Commitments) und demnächst zu Abbuchungen führen werden, sowie der Veränderungen am offenen Investitionsbetrag, die sich schon jetzt absehen lassen und insofern berücksichtigt werden sollten (ähnlich wie bei Entwicklungsaufwendungen Investitions- Hard/Soft-Spots, vgl. dazu weiter oben Kapitel „Kosten").

Im Ist-Verlauf ist besonders auf zwei Punkte zu achten: das sind einmal die „Anlagen im Entstehen", Aufträge also, die solange als Kostensammler fungieren, bis Fertigstellung und Inbetriebnahme erfolgen und dann abgerechnet werden müssen. Sowohl die Zubuchungen als auch die Abrechnungen werden nun oft nicht ordnungsgemäß vorgenommen. Entweder, es werden zu wenig oder auch zuviel Kosten auf einen diesbezüglichen Auftrag gebucht, zuwenig, weil – aus Unwissenheit – mit dem Investitionsprojekt verbundene Kosten nicht als solche erkannt werden (z.B. Fremdleistungen, Projektierungskosten usw.) zuviel, weil eröffnete Auftragsnummern oft dazu benutzt werden, ungeplante Aufwendungen, die aber keine „Related Project Expenses" mehr darstellen, unterzubringen.

Dann aber muß die Abrechnung einer fertiggestellten Anlage genau verfolgt werden, nicht nur wegen des zu ändernden Bilanzausweises, sondern auch, weil die Abschreibungen darauf einsetzen müssen. Bei Reparaturen ist auf saubere Trennung zwischen Herstellkosten und Erhaltungsaufwand zu achten.

Um ein effizientes Reporting über das Investitionsgeschehen sicherzustellen, wird es ab einer gewissen Größenordnung der Investitionstätigkeit unumgänglich sein, zu DV-unterstützten Verfahren der Investitionsplanung und -kontrolle zu kommen. Mit Investdaten wird an zahlreichen Stellen umgegangen, oft sind es auch unterschiedliche Aggregationsstufen, auf denen solche Daten gefordert werden. Interessenten können z.B. sein:

- Kostenstellenleiter
- Investitionsbeauftragte eines einzelnen Entwicklungs-Fachbereichs
- Zentrale Investitionskoordination
- Einkauf
- Produkt-/Geschäftsbereichsleiter
- Entwicklungsprojektleiter
- Spezielle Prüfinstanzen (für Meßgeräte, EDV-Hardware, Laboreinrichtungen etc.)
- Controlling.

Mit einem EDV-System sollte es damit möglich sein, folgende Anforderungen zu befriedigen:

• Erfassung und Konsolidierung der Investitionsprojekte (bzw. Anlagegegenstände für ein Investitionsprojekt) während der jeweiligen Planphase
• On-Line-Bearbeitung von Investitionsbestellfreigaben und Bedarfsmeldungen
• Erfassung des Ist-Verlaufs einschließlich Commitment-Rechnung und Soll-/Ist-Ver-

gleich bis hin zur maschinellen Erstellung einer neuen Vorschau mit Hard-/Softspot-Ausweis
- Hardware-Erfassung und -verwaltung (sofern separat gewünscht bzw. erforderlich)
- Wirtschaftlichkeitsrechnung (auch bei Leasing-Vorhaben)
- Reduzierung der manuellen Kalkulationstätigkeit und der Fehlerhäufigkeit
- Steigerung der Planungsqualität und Aktualität
- Speicherung offizieller Planparameter und Ergebnisse für zukünftige Vergleiche.

Nach erfolgtem Anlagenzugang sollte die Tätigkeit für das Gebiet Investition nicht als abgeschlossen betrachtet werden. Vielmehr sollte das Anlagevermögen von Zeit zu Zeit daraufhin untersucht werden, ob die körperlich bzw. buchmäßig noch vorhandenen Bestände miteinander übereinstimmen bzw. auch wirklich genutzt werden. Ist das nämlich nicht der Fall, kosten sie trotzdem Geld (obwohl sie abgeschrieben sein mögen), hervorgerufen durch Versicherungsprämien, Gewerbesteuer und natürlich Raum- und Zinskosten. Selbst eine Inventur sagt über Nutzung bzw. Vorhandensein des Gegenstandes nichts aus, wenn nicht spezifisch danach gefragt wird, da sie nur als Belastung empfunden und nicht durch Augenschein, sondern wieder anhand von Unterlagen vollzogen wird. Auch gehört es zur Eigenart von Entwicklungspersonal, einmal angeschaffte Anlagegegenstände nicht wieder abzugeben, sondern eher in Schränken zu verstauen, da ja doch wieder einmal eine Verwendung in Frage kommen könnte. Mit dem Betriebsrat abgestimmte Freistellungsaktionen mit preislich interessanten Angeboten an die Belegschaft bewirken hier übrigens manchmal Wunder.

Schließlich ist auf Zweifelsfälle hinzuweisen, wenn es um die Frage Aktivierung oder Entwicklungskosten geht. Diese Frage erhebt sich oft gerade bei den teuersten Anlagegütern, den sog. Testanlagen, Anlagen nämlich, welche die Eigenschaften der in Zukunft auch zu verkaufenden Produkte aufweisen, die aber in der Herstellerfirma zunächst einmal die Prüfung der Funktionsfähigkeit einiger oder aller technischen Lösungen ermöglichen sollen. Wie in dieser Beziehung beispielsweise im Falle großer vermittlungstechnischer Testanlagen der Nachrichtenindustrie vorgegangen werden kann, soll die Abb. 11 verdeutlichen. Sie erhebt sich aber auch später, wenn für das Wirtschaftsgut weitere Aufwendungen getätigt werden, welche

- (laufender) Erhaltungsaufwand, oder
- (zu aktivierende) Herstellkosten

sein können. Für Erhaltungsaufwand spricht dabei:

– die Wesensart des Wirtschaftsgutes wird nicht verändert
– das Wirtschaftsgut wird durch die Aufwendungen in ordnungsgemäßen Zustand erhalten
– die Aufwendungen kehren regelmäßig in ungefähr gleicher Höhe wieder.

Dagegen spricht für Herstellkosten:

– die Wesensart des Wirtschaftsgutes wird verändert
– das Wirtschaftsgut wird in seiner Substanz wesentlich(> 20%) gegenüber den ursprünglichen Anschaffungs-/Herstellkosten vermehrt
– das Wirschaftsgut wird gegenüber seinem bisherigen Zustand in seiner Leistung erheblich (> 20%) verbessert.

> Laufender Aufwand

Labormodelle
Erstmuster bei System-Entwicklung.
Handgebaut unter nicht serienmäßigen Bedingungen.
Außerhalb des Entwicklungsauftrages kein wirtschaftlicher Wert.
Bei Fertigungsanlauf schrottreif.

Prototypen
Einzelstücke für
– Analyse vom Feld gemeldeter Fehler
– Integrationstest bzw. Design Verification
– System-Weiterentwicklung.
Unter Fertigungsbedingungen gebaut bzw. durch „Cuts and Straps" auf Fertigungsstand gehalten.
Außerhalb des Entwicklungsauftrages kein wirtschaftlicher Wert.
Bei Fertigungsanlauf schrottreif.

Ausnahme bei Labormodellen und Prototypen: Alternative Verwendungsmöglichkeit (als Prüf-, Vorführ-, Ausbildungsgerät) liegt bei Kostenanfall fest.

> Aktivierung

Referenzanlagen
Einzelstücke für
– Postzulassung
– Austesten einer Kundenkonfiguration
– Simulation von Ansprüchen der Umwelt.
Unter Fertigungsbedingungen gebaut und (teilweise) auf neuestem Fertigungsstand gehalten.
Langfristig dem Entwicklungsbereich dienlich, da für mehrere Projekte nutzbar.

Abb. 11: Entscheidungsmatrix laufender Aufwand/Aktivierung

2.7 Berichtwesen über F&E

Nachdem die „Technik" der Zahlenaufbereitung selbst im Entwicklungsbereich mehr und mehr zur Routine geworden ist oder jedenfalls mit dem genannten Instrumentarium zur Routine werden kann, kommt es für das Management heute mehr denn je darauf an, richtig informiert zu sein. „Richtig" heißt in diesem Zusammenhang

- zur richtigen Zeit
- verarbeitbar (also nicht zuviel)
- entscheidungsrelevant.

Der Controller als „Copilot" des Managements hat hier eine wichtige Funktion zu erfüllen, die er vor allem als „Bringschuld" auffassen muß und nicht als „Holschuld" seiner Abnehmer. Er wird seiner Funktion als Informationsmanager nur dann gerecht, wenn er das F&E-Leistungsgeschehen über das Zahlenwerk unaufhörlich verfolgt und insbesondere dann schnell darüber berichtet bzw. aufmerksam macht, wenn Entscheidungen anstehen. Das kann heißen, daß er entscheidungsrelevante Informationen vorher zustellt, so daß solcherart Vorgänge überhaupt erst in Bewegung geraten.

Mit dieser Auffassung ist natürlich jeder Informationslawine, die vom Controlling ausgeht, eine Absage erteilt. Durch EDV-Verarbeitung aller rechenbaren Größen wird ja geradezu induziert, zuviel und nicht zuwenig an Information zu liefern. Dann aber wird die Streubreite zu groß, so daß Informationen kaum aufgenommen und verwertet werden können.

Im Zusammenhang mit der Forderung nach zielgerichteter, d.h. unterschiedlich zusammengesetzter Information pro Berichts-Abnehmer wird übrigens ein Gedanke aufgeworfen, auf den T. J. Allen letztens aufmerksam gemacht hat. Und zwar lautet die Aussage, daß dort, wo früher organisiert wurde, heute die EDV herangezogen werden kann zur Befriedigung desselben Bedürfnisses. Er demonstriert das am Beispiel der Projektorganisation: „... Information-Technology ... will ...allow greater and easier use of functional organisation".[34]

Die heutige EDV-Verarbeitung eignet sich stattdessen sehr gut dazu, Zahlen entweder sogleich zielgerichtet aufzubereiten, oder den potentiellen Empfänger sich aus einer vorhandenen Datenbank sein eigenes Menü zusammenstellen zu lassen. Die zuletzt genannte Vorgehensweise ähnelt allerdings immer noch sehr der Praxis, EDV-Ausdrucke zur Verfügung zu stellen in der Hoffnung, damit seinem Auftrag zur Informationsaufbereitung Genüge getan zu haben. Aber der Umfang des Informationsangebotes verläuft umgekehrt proportional zur Rezeption des Angebotenen, ganz zu schweigen vom Weiterarbeiten damit. Wichtig sind richtige Auswahl und Betonung bzw. Kommentierung entscheidungsrelevanter Vorgänge. Selbst damit wird sich ein Manager heute noch nicht zufrieden geben, er erwartet aus der zielgerichteten Analyse Handlungsvorschläge und das wiederum schnell und in der kürzest denkbaren Art und Weise.

So richtig es ist, daß für ein solcherart verstandenes Berichtswesen die neue Fragestellung, das ungewohnte Zusammenführen zweier Aussagen unumgänglich sind, so bedeutsam ist es, gewisse Eckwerte, die Inhalt der Zielvereinbarung waren, laufend mit Berichten zu verfolgen. Diese sind im Zeitablauf auch weder in der Form noch im Inhalt zu ändern und wenn, dann nur mit Begründung und mit dem Vergleichbarmachen früherer Jahre, so daß Stetigkeit der Berichterstattung wieder gewährleistet ist (so wie es z.B. im Jahr 1987 mit der Anwendung des Bilanzrichtliniengesetzes auf den Jahresabschluß geschehen mußte). Für den Entwicklungsbereich kreisen die Fragestellungen immer wieder um

- Personal
- Kosteneinsatz und dessen Finanzierung
- Meilensteine und Zeitraster
- Entwicklungsinvest.

Berichte hierüber (vgl. nachstehende Abb. 12, 13 und 14) eignen sich sehr gut zur monatlichen Erstellung und Verteilung an einen gleichmäßigen Verteiler. Dabei ge-

---

[34] T. J. Allen, Organisational Structure, Information Technology and R+D Productivity. Paper presented at the conference of the European Industrial Research Managers' Association, The Hague, Netherlands, June 1985, S. 21.

2.0 Der F&E-Controlling-Prozeß

	Soll/Ist-Vergleich Eckzahlen				
	per			– TDM – Gesamtes Jahr	
	Ist	Budget	Abweichg. besser/ schlechter	Vor- schau	Abweichg. besser/ schlechter
Personal					
Direkte					
Indirekte					
Sonstige					
Summe					
Kostenelemente					
Stundenkosten					
Abweichungen					
Gemeinkosten					
Material					
Reisekosten					
EDV-Leistungen					
Leistungen anderer Bereiche					
Fremdleistungen					
Abschreibungen					
Sonstiges					
Brutto- Forschungs- und Entwicklungsaufwand					
./.Abzugskosten					
Entwicklungszuschüsse					
Zufuhr z. EW.-Beständen					
Belastungen an andere Bereiche					
= Netto-Forschungs- und Entwicklungsaufwand (ergebniswirksam)					
Finanzierung des Netto-Forschungs- und Entwicklungsaufwandes					
Lokale Entwicklung					
Kundenanpassung ohne Vertriebsauftrag					
Fertigungsunterlagenerstellung					
Fertigungshilfe					
Abweichungen					
Netto Forschungs- und Entwicklungsaufwand (ergebniswirksam)					
Invest					

Abb. 12

hört es zu einem guten regelmäßigen Berichtswesen, die Zahlen zu interpretieren, Schlußfolgerungen daraus zu ziehen und eventuelle Handlungsvorschläge zu unterbreiten. An dieser Stelle wird deutlich, wie stark das Bedürfnis ist, die Entwicklungs-

2.7 Berichtwesen über F & E

| | | Projekt – **Statusbericht** | Kapitel | |
| | | | Seite | von |

Projektbezeichnung

Auftraggeber: | **Projekt-Management-Team:**

1. Projekt-Rahmendaten — Meilensteine —

1.1 Termine   Datum
- Projekt Start
- Projekt Ende
  heutige Planung
  Erste Planung
  Letzte Planung

1.2 Kosten   TDM
- Erste Planung
- Letzte Planung
- Angefallene Kosten

1.3 Abweichungen   Über-/Unterschreitung   Jahr
  Anz.   M/M   TDM   Monat
  Status
- Stunden
- Personal
- Manpower (TDM)
- DV   "
- Sonstiges "
- Gesamt

Plankosten 1. Planung =
Plankosten letzte Planung =
Ist-Kosten =
(TDM)

2. Projektbeurteilung
☐ Projekt ausreichend im Plan
☐ Projekt vorübergehend außer Plan
☐ Projekt entgültig außer Plan

3. Reviews   Datum
- Letztes Review
- Nächstes Review
- Zwischen-Review erforderlich?   ☐ ja   ☐ nein

4. Besonderheiten

| Projekt | Aktivität | Ausgabe | Datum | Bearbeiter | Genehmigt |

Abb. 13

2.0 Der F & E-Controlling-Prozeß

kostenabrechnung nach hierarchischen Strukturen um eine solche nach Projekten zu ergänzen. In diesem Fall müssen Bereiche und Zeitraster verlassen werden, hier kann es notwendig werden, leistende Teilbereiche neu zusammenzuführen und Monats- oder selbst Jahresraster außer acht zu lassen, um Projektlaufzeiten einzufangen. Stattdessen muß eben über Termine und Meilensteine der Entwicklungsleistung berichtet werden. Dabei muß aber darauf geachtet werden, daß es sich nur um eine Umformung derselben Primärdaten handeln kann, keinesfalls um eine Neugenerierung (z. B. außerhalb des Rechnungswesens oder außerhalb sonstiger abgestimmter Ursprungszahlen). Obwohl es sich um zwei verschiedene Berichtsebenen handelt, müssen doch die Aussagen, die von beiden ausgehen, exakt übereinstimmen. Sind es im Fall der Monatsberichterstattung über einen gesamten F&E-Bereich die gesamten aufgelaufenen Kosten, welche in der Struktur sichtbar werden müssen (d. h. in den Kostenelementen Gemeinkosten, Material, EDV usw.), so müssen im Fall der Projektberichterstattung dieselben Kostendaten in ihrer Summe mit Leistungen und Meilensteinen in Verbindung gebracht werden. Immer aber ist es unumgänglich, daß in beiden Berichtswegen nur dieselbe Gesamtkostensumme weiterverarbeitet wird, es sei denn, besondere buchhalterische Abgrenzungen (wie z. B. eine auftragsbezogene Aktivierung von Entwicklungskosten) führen notgedrungen zu einem anderen Eckwert. Die Integration beider Berichtswege kann übrigens dadurch gefördert werden, daß überprüfbare Meilensteine auf einen Berichtstermin (z. B. Monatsabschluß) gelegt werden.

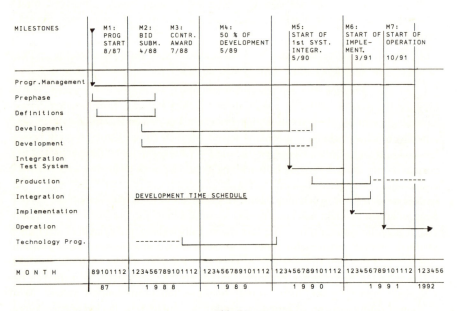

Abb. 14

Der Entwicklungsbereich wird zwar überwiegend als „Cost-Center" geführt, ist aber – positiv ausgedrückt – ein Leistungsbereich wie die Fabrik auch. Nicht die Sammlung oder Einhaltung von Kosten ist das Primäre, sondern das Erbringen von Leistung. Das führt wieder zur Aussage, daß es auf die Leistung pro Zeiteinheit ankommt, und schon hat man wieder das schon behandelte schwierige Beziehungsdreieck Leistung, Zeit und Kosten. In der Abfolge des tatsächlichen Geschehens sollten alle drei Größen einem Planwert, über den man sich geeinigt hat, entsprechen und nicht etwa nur eine von ihnen. Man kann es überspitzt und für einen Controller sicher ungewohnt zum Ausdruck bringen: liegt ein Projekt in einer dieser drei Größen im Rahmen (z. B. den Kosten) und wird bereitwillig darüber berichtet, ohne die anderen zu erwähnen, so ist die Vermutung angebracht, daß die zwei anderen gerade nicht im Plan liegen. Daß alle drei immer einem ursprünglichen Plan entsprechen, ja daß dieser den zukünftigen Ablauf in jedem Detail so vorgezeichnet hätte, daß er der Wirklichkeit entspräche, ist kaum anzunehmen und auch nicht der Sinn der Planungsbemühungen, aber sehr wohl ist es Sinn des Controllings, auf Status und Verlauf dieser drei Größen ungeschminkt aufmerksam zu machen im Sinne des Ausspruches: „No Surprise".

Die Notwendigkeit, über Leistung in der Zeit zu berichten, ist typisch für das F&E-Controlling, wohl wissend, daß hier sehr schnell technisches Terrain betreten wird, das in Kurzform und dennoch richtig wiederzugeben, dem Controller sicher schwer fällt. Worauf es dennoch ankommt ist, die Verknüpfung der genannten drei Größen zu erkennen und in die Berichterstattung alle drei Elemente einzubeziehen (Leistungscontrolling/Zeitcontrolling/Kostencontrolling). Die Form, in der dies geschehen kann, ist mittlerweile mit dem Verfolgen von mehr oder minder fein gegliederten „Milestones" innerhalb eines Terminrasters, zu dem die Milestones fertiggestellt werden, zum Standard geworden. Die Kontrolle der Leistung obliegt selbstverständlich den technischen Einheiten selbst bzw. – sofern installiert – einem Bereich „Projektleitung".[35]

Das Projektcontrolling bzw. das Berichtswesen darüber muß die Projekte in ihrer zeitlichen und sachlichen Ausdehnung sichtbar machen..

Mit dem Gesichtspunkt der zeitlichen Ausdehnung („Zeitraster") ist gemeint, daß es für Projekte darauf ankommt, jeweils den zeitlichen Rahmen einzubeziehen, innerhalb dessen sich das Projekt tatsächlich abwickelt. Für dessen Ermittlung gibt es aber erhebliche Schwierigkeiten, jedenfalls soweit wirklich Entwicklungsprojekte betroffen sind und nicht Entwicklungsprogramme (= Tätigkeitsfelder). Eine Schwierigkeit besteht darin, daß sich für eine Entwicklung nicht oder noch nicht ein klarer Anfangs- und Endtermin angeben läßt und der Aufwand damit nur in einer Bandbreite veranschlagt werden kann. Auch muß davon ausgegangen werden, daß sich oft die Verbindung zu einem Produkt noch nicht exakt herstellen läßt. Ein eventueller Produktumsatz liegt zeitlich immer sehr viel später als die Entwicklung und kann in einem frühen Stadium ebenfalls noch nicht eindeutig ausgemacht werden. So wird unter Umständen ein- und dieselbe Entwicklung zu mehreren Produkten oder auch nur Produktverbesserungen bestehender Produkte führen, also Auswirkungen in mehreren Erzeugnissen haben („spin-offs"), so daß die Zurechnungsproblematik auftritt. Wird hier eine Lösung gesucht, so geht dies vermutlich nur dadurch, daß auf höhere Aggre-

---

[35] Eine Methode, der Ausuferung des Leistungsvollzugs von vornherein einen Riegel vorzuschieben, sind die Methoden „Design to Cost" bzw. „Time to Market". Hierbei soll die – natürlich funktionsfähige – Leistung nur soweit erbracht werden, wie das Kosten – bzw. das vom Markt vorgegebene Zeitziel nicht überschritten wird.

gationsstufen ausgewichen wird, eben zu Progammen, auf die hin marginale Kosten-, Umsatz- bzw. Ergebnisauswirkungen zu ermitteln sind. Wo immer möglich sollten alle diese Versuche gegangen werden, das nachfolgende Formblatt (Abb. 15) kann dazu Unterstützung liefern.

In zahlreichen Fällen wird jedoch selbst das nicht möglich sein.um hier zu einer Projektauswahl zu gelangen ist eine Ermittlung des Mengen- und des Wertgerüstes von Kosten für ein ganzes Erzeugnisgebiet erforderlich und das wie üblich für:

– Mannjahre mit Stundenkosten
– BIN-Verbrauch und EDV-Kosten
– Materialeinsatz und -kosten
– Reisekosten
– Beiträge anderer Firmenteile
– Fremdleistungen
– Abschreibungen
– Sonstiges.

Das kommt dann schon wieder dem Periodenraster sehr nahe und führt weg vom Projekt-Controlling. Die Berichterstattung hierüber muß auch andere Wege gehen, so muß der Kreis der Angesprochenen umfassend genug sein, daß diejenigen Gedanken, die sonst projektbezogen zum Ausdruck gebracht werden, verbal geäußert und gegeneinander gehalten werden. Aus ihnen müssen solche Gesichtspunkte wie Kunden, erforderliche Ressourcen und grobe Terminvorstellung hervorgehen. Ein enger Zusammenhang zur Produktplanung sollte hergestellt werden.

Bei der Berichterstattung muß man sich auch über die Technik klar werden, z.B. wie positive und wie negative Abweichungen, ob die Zahlen entweder in absoluten Werten oder relativ in Prozent dargestellt werden sollen, ob diese nur ab einer gewissen, vorher definierten Größenordnung (z.B. $\geq 5\%$ und TDM xy) oder grundsätzlich immer. Die beschriebene „klassische" Form der Abweichungsrechnung ist für das Controlling der Entwicklungskosten ein erster Schritt, aber als Vergangenheitsrechnung nicht sonderlich aussagekräftig. Dennoch übt sie auf alle Beteiligten eine magische Anziehungskraft aus. Man hat etwas, was man entweder mitgestaltet (Plan) oder miterlebt (Actual) hat, und darüber läßt sich zunächst einmal trefflich reden und streiten. Bei konsequenter Auslegung des Gedankens Steuerung durch Planung und Kontrolle ist allerdings darauf hinzuweisen, daß Abweichungen eher dazu benutzt werden sollten, Aussagen zur zukünftigen Entwicklung derselben Abweichung zu generieren, als sich in der Betrachtung des Gewesenen zu verlieren. Diese Aussage wiederum bringt es mit sich, daß jeder Planstand nur so lange stehen gelassen werden sollte, wie er nicht im Hinblick auf die unverändert zu erreichenden Ziele durch einen besseren ersetzt werden kann. Die Verwandschaft zur Popper'schen Falsifikationstheorie ist frappierend und überzeugend zugleich.[36]

Um dieser Forderung zu genügen, gibt es nur einen Weg,nämlich jede Ist-Aussage in eine Planaussage umzumünzen. Dabei sind jedoch zwei Vorsichtsmaßnahmen angebracht:

---

[36] Vgl. Carl R. Popper, The Logic of Scientific Discovery, Hutchinson of London, 1959.

2.7 Berichtwesen über F&E 61

Kennzahlen des strategischen Programms

Kennzahlen des strategischen Programms	Programmtitel							Firma	Unterschrift: Geschäftsleitung Controller:	
	Produktgebiet/Unternehmensgruppe									

Programmbeschreibung

Vom Programm unterstützte Geschäftsstrategie:

Spezifische Programminvestitionen	vorhergeh Jahre von	Lfd Jahr Vorschau vom	Planjahr I	Planjahr II	Planjahr III	Planjahr IV	Planjahr V	zukünftige Jahre insgesamt I-V I-X	Gesamt- programm über alle Jahre
1 Entwicklungsaufwand									
2 Entwicklungs u Anpassungsaufwand in Zeile 1 enthaltene zentr EW									
3 Markterschließungsaufwand									
4									
5 Investitionen									
6 Erforderliches Betriebskapital									

Programmentwicklung

| 7 Umsätze |
| 8 kumul Cash Überschuß (Defizit) |
| 9 Deckungsbeitrag n. Steuern |
| 10 Gewinn nach Steuern |

Finanzierung Planjahr I Planjahr II
Lokale Entw
Zentrale Entw
Andere

Nicht in Zeilen 1 & 5
enthaltene Finanzierung
Entwicklung
Investitionen

Rendite %[1] ROI[2]
Planjahr I-V
Planjahr I-X
Gesamtprogr

Wesentliche Meilensteine des Programms   Datum

Programm-Abhängigkeiten   Firma/Quellen

Risiken und weitere Themen

Programm Nr	Produkplan Nr	Techn. Projekt-Nr	Thema Nr	Investitionsantrags-Nr

1) Interne Zinsfuß
2) Return on Investment

Abb. 15

Das Erarbeiten einer neuen Planaussage darf nicht so vonstatten gehen, daß vom bisher bestehenden Plan das „Ist" abgezogen und die Differenz als „neuer Planwert" hingestellt wird. Besser ist da schon eine Trendextrapolation auf der Basis statistischer Verfahren. Diese Aussagen sollten eigentlich selbstverständlich sein, sind sie aber durchaus nicht, vor allem dann, wenn nicht nur ein Jahresende angepeilt wird, sondern ein möglicherweise erst in einigen Jahren zu erreichendes Projektende. Bis dahin, so wird oft argumentiert, könne noch soviel passieren, daß man sich um diesen Wert heute noch nicht zu kümmern brauche. Diese Aussage zeigt unter Controllinggesichtspunkten allerdings eher, daß auch der bisherige Zielwert nur hingeschrieben wurde, um irgendeiner Planungsanforderung zu genügen, nicht aber, um eigene Handlungen bis zum Beweis des Gegenteils darauf auszurichten, diesen auch zu erreichen.

Der zweite Gesichtspunkt ist noch bedeutsamer. Die beschriebene Auffassung kann nämlich bei einigen Beteiligten durchaus dazu führen, das Planungssystem ad absurdum zu führen. Im Extremfall kann das bedeuten, daß jeden Monat ein „neuer Planstand" entworfen wird mit der Gefahr, daß gegen unterschiedliche „neueste Planstände" berichtet wird angesichts der unvermeidbaren Diffusionsprozesse in jedem Unternehmen. Dann aber ist das Chaos perfekt und in der Tat zu kritisieren als „l'art pour l'art", weit entfernt von einem Controlling über Abweichungen.

Die Lösung kann nur lauten, daß ein bestehender Plan nur durch eine „Vorschau" umgestoßen werden kann, die vom ergebnisverantwortlichen Produktbereich akzeptiert und schlagartig und allseits eingeführt wird. Das braucht im Prinzip im Laufe eines Jahres überhaupt nicht zu geschehen, im Idealfall nämlich, daß Soll und Ist soweit einander entsprechen, daß daraus für die weitere Entwicklung des Geschehens keine neuen Schlüsse zu ziehen sind. Das wird aber in der Regel nicht der Fall sein. Vielmehr werden Abweichungen anwachsen oder drohen anzuwachsen bis zu einem Punkt, wo an ihnen nicht mehr vorbeigegangen werden kann. Das sollte dann der Moment sein, zu dem über jeden solchen Einzelfall – der sowohl in die positive wie in die negative Richtung weisen kann – entschieden wird, wie er aufgenommen und wie ihm in der Vorschau begegnet wird oder – sofern die ursprüngliche Zahl bestehenbleiben soll – welche terminierten Aktionspunkte daraus entstehen unter Benennung des oder der Verantwortlichen dafür.

Ein Instrumentarium, welches sich hierfür in der Praxis bewährt hat, ist die Verfolgung von sogenannten Hard-/Softspots, also solchen Ereignissen, die sich zunächst noch nur vage anbahnen, dann aber sich von Monat zu Monat so verdichten oder in der Größenordnung zunehmen, daß sie aufgenommen werden müssen. Das sollte immer dann geschehen, wenn sie auf den Zielwert einen Einfluß mit einer Wahrscheinlichkeit > 50% haben werden (Ergebnisse < 50% können separat davon als „Chancen/Risiken" geführt werden; nicht gesprochen wird hier von Fällen, die mit einem Mal abrupt auftreten und das Planungsgefüge derart massiv ändern, daß an ihrer sofortigen Berücksichtigung nicht vorbeigegangen werden kann – Beispiel Ölkrise 1978).

Hard/Softspots induzieren damit für ein laufendes Jahr die Frage nach Ereignissen, die es in einer neuen Vorschau zu berücksichtigen gilt, genauso wie sie für Folgejahre zu einer Neuplanung führen. Sie sollten allerdings zweckmässigerweise nur für das laufende Jahr geführt werden, praktische Gesichtspunkte lassen es geboten erschei-

2.7 Berichtwesen über F & E

nen, sie nicht auch auf Folgejahre auszudehnen, da der Aufwand zu deren Führen erheblich ist. Zur Verfolgung der Hard-/Softspots und deren Durchsprache eignen sich monatliche Hard-/Softspotgespräche mit den Verantwortlichen, in denen Ursachen und Maßnahmen beleuchtet werden. Planvergleiche für Folgejahre und daraus ermittelte Plan-/Plan- Abweichungen führen auch zu Hard-/Softspots und haben methodisch keine andere Qualität, sind also vom sachlichen Inhalt und den Folgerungen her den Hard-/Soft-Spots des laufenden Jahres durchaus gleichzusetzen. Nur die Intensität der Verfolgung ist eine andere. Im laufenden Jahr brennen die Ereignisse unter den Nägeln und lassen ein Abwarten nicht zu, für Folgejahre ist mehr Zeit zur Vorbereitung einer Reaktion verfügbar.

Zeitpunkte, zu denen jeder Plan ganz automatisch einer Überprüfung unterzogen wird, sind im einem rollierenden Planungssystem die jeweils neuen Planungsphasen (vgl. nachstehende Abb. 16). Rollierende Planung heißt also, daß eine einzelne Planungsstufe (Strategischer Plan oder Budget) nach Durchführung offiziell abgeschlossen und an seiner Stelle im nächsten Jahr eine weiter in der Zukunft liegende Periode durchgeplant wird. Der Planungszeitraum bleibt jeweils konstant. Zusammen mit dem System aus Vorschau und Überprüfung im laufenden Jahr (= Hard-/Soft-Spots) wird ein einzelnes Jahr im Verlauf von sechs Jahren demnach insgesamt neunmal durchgeplant, und zwar im Zeitablauf immer detaillierter. Das laufende Jahr wird noch so lange mitgeplant, bis es zum „Ist" im Jahresabschluß wird. Für die Folgejahre genügen Planungsgespräche im Turnus der rollierenden Planung.

Planerstellung und -stufe	Planjahr Jahr	1986	+1 1987	+2 1988	+3 1989	+4 1990	+5 1991	+6 1992	+7 1993	+8 1994	+9 1995	+10 1996	+11 1997
1987 I SP		I	Ü	SP	SP	SP	SP	SP					
II B			Ü	B	V								
1988 I SP			I	Ü	SP	SP	SP	SP	SP				
II B				Ü	B	V							
1989 I SP				I	Ü	SP	SP	SP	SP	SP			
II B					Ü	B	V						
1990 I SP					I	Ü	SP	SP	SP	SP	SP		
II B						Ü	B	V					
1991 I SP						I	Ü	SP	SP	SP	SP	SP	
II B							Ü	B	V				
1987 I SP							I	Ü	SP	SP	SP	SP	SP
II B								Ü	B	V			

SP = Strategischer Plan
B = Budget
I = Ist
Ü = Überprüfung
V = Vorausschau

Abb. 16: Planungsstufen und -zeitraum

Eine Schwierigkeit in diesem iterativen Prozeß ist es oft, den Mut zur Lücke zu finden. Eine Planung muß zu einem bestimmten Stichtag abgeschlossen werden, und daß heißt, es muß einen Termin des Redaktionsschlusses geben. Natürlich ist davon auszugehen, daß zwischen Redaktionsschluß und Abgabe einer Planung weitere Entwicklungen (z. B. neue Vorgaben der Muttergesellschaft, Unverträglichkeit mit den Gewinnerwartungen) es u. U. gebieten, die Planung wieder zu ändern. Bei der Abwägung der Frage, ob das erfolgen soll oder nicht, ist aber zu berücksichtigen, daß die (möglicherweise nur vermutlich) höhere Vorhersagegenauigkeit eingekauft wird auch mit einer höheren Nervosität aller am Planungsprozeß Beteiligten. Hier kann das rollierende Planungsverfahren, was z. B. ein- und dasselbe Planjahr alsbald wieder einer Planungsroutine unterwirft, am besten weiterhelfen. Damit wird deutlich, daß es nicht darauf ankommt, die später eintretende Ist-Entwicklung möglichst richtig vorherzusagen, sondern darauf, die Aussagen eines Planstandes für Folgerungen zu benutzen, „... um mit sofort einsetzenden Aktionen noch eine Korrektur negativer Entwicklungen zu erreichen oder Chancen zu einer möglichen Verbesserung zu nutzen."[37]

Auf zwei Vorgänge soll im Rahmen des Berichtswesens noch besonders aufmerksam gemacht werden, sind mit ihnen doch unter Umständen hohe finanzielle Risiken verbunden. Das eine sind Beratungsleistungen, das andere Versicherungen fremder Sachen.

Mangelnde eigene Ressourcen führen oft zu der Notwendigkeit, sich bei speziellen Fragestellungen des Sachverstandes fremder Dienste zu bedienen. Hier ist nicht an Leasing-Personal oder an Unteraufträge gedacht – beides Vorgänge, die über Einkaufsvorgänge mit Vergleichsangeboten unter Kontrolle sein sollten – sondern an Beratungsleistungen personeller, juristischer, technischer oder kaufmännischer Art, z. B.:

- Personalanwerbeaktionen in einem fremden Land über einen dort ansässigen Personalberater
- die Begutachtung eines Lizenzvertrages durch eine Anwaltskanzlei
- die laufende Beobachtung eines technischen Arbeitsgebietes durch ein Universitätsinstitut
- die Begutachtung eines Vertrages zur Zusammenarbeit innerhalb eines Konzerns unter steuerlichen Gesichtspunkten durch einen Wirtschaftsprüfer.

Gemeinsam ist dieser Art Vorgänge, daß sie unter Umständen sehr teuer sind und insofern keiner geordneten Kontrolle unterliegen, als sie nur sporadisch auftreten, das Anbahnen der Beziehung mit dem entsprechenden Unternehmen oft sehr persönlicher Natur ist, und der Vertrag oft auf unbestimmte Zeit mit automatischer Verlängerung geschlossen wird.

Die Möglichkeit der Überprüfung oder gar Einflußnahme von selten auftretenden Vorgängen, die sehr stark an der persönlichen Beziehung zu einzelnen Personen im Unternehmen hängt, ist oft für den zuständigen Controller gering. Entweder, es wird wegen der „Vertraulichkeit" des Vorgangs von vornherein ungern tiefer nach aufklärenden Details gefragt, weil das mißverstanden werden könnte, oder es fehlt jeder Beurteilungsmaßstab und liegt wirklich in der Eigenverantwortung der beantragenden Person.

---

[37] Vgl. Dietrich Solaro, Unternehmenssteuerung durch Planung und Kontrolle in der Standard Elektrik Lorenz AG (SEL), unveröffentlichtes Manuskript, S. 28.

Um dennoch eine gewisse Kontrolle auszuüben, hat es sich als sinnvoll erwiesen, ein standardisiertes Formular zu verwenden (vgl. Anh. 5), so daß bei den auftauchenden unvermeidlichen Fragen auch jeder Anstrich einer Willkür vermieden wird. Es hat sich gezeigt, daß es unumgänglich ist, in einem solchen Formblatt zu hinterfragen, ob die betreffende Person oder das betreffende Unternehmen mit dem Auftraggeber in irgendeiner Weise liiert ist (z. B. ist der Geschäftsführer der Beratungsfirma ehemaliger Angestellter des auftraggebenden Unternehmens). Immer ist besondere Vorsicht geboten und sollte die Personalabteilung eingeschaltet werden. Desgleichen ist oft die Frage angebracht, ob schon zu früheren Zeiten Aufträge an das Unternehmen vergeben worden sind, so daß ersichtlich wird, ob es sich – trotz eventuell geringer Summe des Einzelauftrages – bei Zusammenrechnung aller bisher erteilten und zusammengehörigen Aufträge – mittlerweile um eine Beratungsleistung an einen Einzelnen in relativ großer Höhe handelt. Besonders gefahrenvoll sind Verträge „open hand", die eine Klausel zur automatischen Vertragsverlängerung beinhalten. Handelt es sich um eine im vorhinein nicht präzisierte (und möglicherweise präzisierbare) Beratungsleistung, so kann der Fall auftreten, daß der leistende Vertragspartner den Vertrag weiterlaufen läßt, daß aber der aufnehmende Vertragspartner bei Licht besehen gar kein Interesse mehr an der Aufrechterhaltung des Vertrages, zugleich aber versäumt hat, den Vertrag rechtzeitig zu kündigen. Das sollte dann natürlich gegebenenfalls schnellstens nachgeholt werden.

Ein weiterer wichtiger Berichtstatbestand sind „fremde Sachen" auf dem eigenen Werksgelände, und zwar wegen entsprechender Versicherung im Schadensfall.

„Fremde Sachen" befinden sich oft in erheblichem Ausmaß auf dem eigenen Werksgelände, stehen aber nicht in den Büchern und werden für Versicherungszwecke nur zu leicht vergessen, stellen damit im Schadensfall ein erhebliches Risiko dar. Zu denken ist dabei insbesondere an geleaste Wirtschaftsgüter. Bei Untergang muß der Auftraggeber vertragsgemäß die Leasingraten weiter entrichten, obwohl eine Nutzung nicht mehr möglich ist. Um dieser Gefahr zu entgehen, sollten entsprechende Daten durch eine spezielle Abfrage ermittelt werden. Hier kann es sich um Rechner, Meß- und Prüfgeräte, Computer oder dergleichen in erheblichem Umfang handeln, die den Anlagelisten für im Eigenbesitz befindliche Wirtschaftsgüter zum Einbezug in den Versicherungsumfang hinzuzufügen sind.

3.0 F&E in Bilanz und Gewinn- und Verlustrechnung

3.1 Zukunftsinvestition und Gläubigerschutzprinzip nach deutschen Bilanzierungsgrundsätzen

Nicht immer stand Forschung und Entwicklung so im Blickpunkt des Interesses wie heute, eines Interesses, welches dem Thema nicht nur von den Unternehmen selbst entgegengebracht wird, sondern auch von Kunden, Lieferanten, Konkurrenten, teilweise Behörden sowie der interessierten Öffentlichkeit, aber auch Mitarbeitern der Unternehmen, von Banken und der Presse. Der Grund dafür ist natürlich in erster Linie die Bedeutung, die heutzutage F&E in den Unternehmen hat, aber auch die Bedeutung, die für die wirtschaftliche Prosperität der Unternehmen zu Recht vermutet wird. „High Tech" ist ja wohl erst durch F&E zu dem Schlagwort geworden, welches es heute ist, und mit „Low Tech" könnte fast Innovationsblässe und damit wirtschaftliches Normalmaß – wenn überhaupt – umschrieben werden.

Die genannten Interessenten an F&E in den Unternehmungen sind allerdings bei der Suche nach Information aus den veröffentlichten Bilanzen, Gewinn- und Verlustrechnungen, ja sogar ganzen Geschäftsberichten, ziemlich alleingelassen. Die Aufzählung mutet an wie die Liste überhaupt derjenigen Personen und Institutionen, die mit den Unternehmen in sozialem Kontakt stehen bzw. zeitweilig treten, und folgerichtig sind es auch nur Sozialbilanzen, welche das F&E-Ergebnis explizit berücksichtigen.[38]

Wird eine doppelte Buchführung auch auf diesem Gebiet versucht, indem eine Sozial- „Gewinn- und Verlustrechnung" erstellt wird, so treten weitere interessante Phänomene ans Licht, auf die heute jeder, der sich auf die aktienrechtlichen Pflichtveröffentlichungen der Unternehmung beschränken muß,[39] zu verzichten hat. Dann wird das statische Bilanzbild plötzlich dynamisch, es muß versucht werden, den Werteverzehr des Aktivums F&E-Personal zu bestimmen, Altersstrukturen werden eventuell sichtbar, Qualifikationsunterschiede, Patenthäufigkeiten, aber auch Querverbindungen wie Universitätskontakte, Joint Ventures, Kooperationen, – alles Dinge, die in Bilanzen und Gewinn- und Verlustrechnungen nach gängigem Recht wegen ihres weitgehend immateriellen Charakters nicht sofort sichtbar werden.

Eine Pflicht zum Sichtbarmachen besteht nur für das Materielle des F&E-Geschehens, und das ist nun mal ex definitione wenig. Nach wie vor wird bilanziell das ausgewiesen, was der Gesetzgeber bei der Schaffung des Aktienrechts ausgewiesen wissen wollte in Ausprägung des Gläubigerschutzprinzips: das gekaufte Entwicklungsergebnis in Form von Patenten, Lizenzen und ähnlichen Rechten. Alles andere

---

[38] Vgl. Meinolf Dierckes, Die Sozialbilanz. Ein gesellschaftsbezogenes Informations- und Rechnungssystem. Herder und Herder, Frankfurt 1974, S. 103.
[39] Das ist für Gesellschaften in anderen Rechtsformen als der Aktiengesellschaft höchstens noch spärlicher, da ihnen oft noch nicht einmal eine Veröffentlichungspflicht auferlegt ist.

hatte laufender Aufwand zu sein, es sei denn, auch auf dem Absatzmarkt bahnte sich ein sicheres Kaufgeschäft an: bei Vorliegen eines klar umrissenen Kundenauftrages sollte es erlaubt sein, im Umlaufvermögen das zu aktivieren, was der Käufer demnächst in Rechnung gestellt bekommt.

Aber beide Geschäfte, diejenigen auf der Einkaufsseite wie auch diejenigen auf der Verkaufsseite, machen nur einen Teil des gesamten F&E-Geschehens aus, eines wichtigen zwar, aber immer noch nur einen Teil. Die Brisanz auf dem Gebiet Forschung und Entwicklung ergibt sich doch in der letzten Zeit vielmehr aus dem selbst Geschaffenen, was bisher weder den Beschaffungs- noch den Absatzmarkt berührt hat (oder nur zu Teilen), wo ein Vermögensteil erst aufgebaut werden soll, der vielleicht in der Zukunft einmal zu entsprechenden Erlösen führen kann. 10, 15% vom Umsatz werden vielfach in diese Zukunftsinvestition hineingesteckt, oft mehr als in Investitionen für körperliche Gegenstände. Das aber hat der Gesetzgeber so nicht vorausahnen können, und die logische Konsequenz muß es irgendwann einmal sein, in einer erneuten Reform zum Aktiengesetz Wege vorzusehen, wie F&E-Anstrengungen eben auch, genauso wie andere Vorräte (für die ja auch nicht immer bereits ein Abnehmer namentlich vorhanden ist) innerhalb der Vermögensgegenstände bilanziert werden können. Natürlich müßte dann das Niederstwertprinzip auch hier greifen, wenn sich eine Vermarktungsfähigkeit von Entwicklungsergebnissen nicht abzeichnet. Aber die Bilanzierung ausschließlich auf Kauf- bzw. Verkaufsakten aufzubauen, ist nur aus der Historie verständlich und drückt überhaupt nicht mehr heutige Geschäftspraxis aus, bei der immaterielle Vorgänge – man denke an ein junges Unternehmen, welches sich mit der Entwicklung von Software beschäftigt – oft eine dominierende Rolle spielen.

Welche Konsequenzen haben nun die bestehenden Gesetze der bilanziellen Behandlung des F&E-Aufwandes in der Praxis?

Nach Handelsrecht dürfen, wie schon angedeutet, F&E-Kosten nicht aktiviert werden, es sei denn, es liegt ein Auftrag vor. Dann sind entsprechend angearbeitete oder fertige „Bestände" (nämlich aufgelaufene Forschungs- und Entwicklungskosten) unter den Posten des Umlaufvermögens zu zeigen.

In diesem Zusammenhang tauchen zwei Probleme auf: das der ordnungsgemäßen Erfassung der entsprechenden Kosten und das der ordnungsgemäßen Abrechnung. Zunächst zur Erfassung kontraktbezogener Forschungs- und Entwicklungskosten.

Im Normalfall liegt natürlich von einem externen Auftraggeber ein entsprechender Entwicklungskontrakt oder Lieferauftrag vor. Entwicklungskontrakte enthalten keinen Lieferanteil, sondern beauftragen eine klar umrissene Entwicklungstätigkeit. Das Endergebnis ist entweder eine Studie (in diesem Fall weist sich die herstellende Firma als Engineering-Haus aus) oder ein funktionstüchtiges Labormuster (bei Hardware) bzw. eine „Mastercopy" (bei Software). Lieferaufträge wiederum enthalten nicht nur einen Entwicklungsanteil, sondern daneben noch Herstellkosten anderer Art, z.B. Fabrikherstellkosten, Projektierungs- und Softwarekosten, Montagekosten. Gerade dieses Beispiel zeigt, wie wichtig die genaue Erfassung entsprechender Kosten ist, denn „Kosten der Neuentwicklung bestimmter Produkte oder Produktionsverfahren sowie der sog. Grundlagenforschung stehen nicht im Zusammenhang mit den zu bewertenden Erzeugnissen ... Die hierfür anfallenden Kosten dienen ... nicht der

3.1 Zukunftsinvestition und Gläubigerschutzprinzip   69

Herstellung der zu bewertenden Erzeugnisse und dürfen deshalb nicht aktiviert werden.[40]

Am sichersten aus Erfassungsgründen ist es, wenn durch entsprechende Identmerkmale (Auftragsnummer z. B.) die auftragsbezogenen Arbeiten von vornherein eindeutig klassifiziert sind, diese Klassifizierung bekannt ist, und somit keine Arbeit an diesem Auftrag erfolgt, ohne die entsprechende (Auftrags-) Nummer anzusprechen. Umgekehrt muß sichergestellt sein, daß diese Nummer mit keinen Kosten belastet wird, die nicht zum Auftrag gehören. Hier werden die Fälle angesprochen, bei denen andere Aufträge keine Kosten mehr „vertragen", sie möglicherweise auch formal schon geschlossen sind oder Budgetmittel „ausgeschöpft" werden sollen.

Schwierig zu beurteilen sind jene Fälle, in denen ein Auftrag zwar in Aussicht steht, aber ein Vertrag noch nicht zum Abschluß kam. Wenn in einem solchen Fall mit den ersten Arbeiten vor Auftragsabschluß begonnen wird – und auch das gehört zur Regel, schon aus Konkurrenzgesichtspunkten –, entsteht spätestens zum nächsten Bilanzierungszeitpunkt, meist auch schon früher zum Zeitpunkt eines Monatsabschlusses, das Problem, ob die Kosten als laufender Aufwand oder bestandswirksam gebucht werden sollen.

Werden entsprechende Kosten unter dem Gesichtspunkt kaufmännischer Vorsicht (und damit des Gläubigerschutzprinzips) als laufender Aufwand verbucht und kommt zu einem späteren Zeitpunkt der Kontrakt doch zum Abschluß, so dürfte es bei einem einigermaßen funktionierenden System der Entwicklungskostenerfassung ein leichtes sein, eine entsprechende Umbuchung vorzunehmen. Außerdem sollte die Rubrizierung unter Aufwand bzw. Vorräten nach vorher definierten Regeln vorgenommen werden (z. B. Wahrscheinlichkeit des Auftragserhaltes > 80% = Vorräte, sonst Aufwand). Kritischer ist der umgekehrte Fall, daß nämlich in enger Auslegung der kaufmännischen Vorsicht und in der (mehr oder weniger sicheren) Erwartung eines entsprechenden Kontraktes die Kosten bestandswirksam gebucht werden, der Vertrag aber später eben nicht zum Abschluß kommt. Selbstverständlich ist hier dann, soweit feststeht, daß es zum Auftragsabschluß nicht mehr kommt, eine entsprechende Ausbuchung vorzunehmen (also der bisherige Vermögenswert wertzuberichtigen). Was aber hat das Vorgehen dieser Art vor dem Zeitpunkt der Wertberichtigung für buchhalterische Auswirkungen mit sich gebracht? Die entsprechenden Bestände waren in keinem Moment andere als „aktivierte Forschungs- und Entwicklungskosten", die zwar nach aktienrechtlichem Gliederungsschema der Gewinn- und Verlustrechnung nicht gesondert auszuweisen sind (sondern in den Positionen Personalaufwand, Materialaufwand, Sonstige betriebliche Aufwendungen mit enthalten sind), die aber dennoch in den verbalen Darstellungen im Geschäftsbericht oft als solche genannt werden, da die Forschungs- und Entwicklungsbemühungen eines Unternehmens gern als Zukunftsinvestition herausgestrichen werden. Im Moment des Ausbuchens wird wieder gebucht „Forschungs- und Entwicklungskosten" an Bestände, und in der Berichterstattung (z. B. Geschäftsbericht) erscheinen möglicherweise dieselben Kosten ein

---

[40] Adler, Düring, Schmaltz, Rechnungslegung und Prüfung der Unternehmen. Kommentar zum HGB, AktG, GmbHG, PublG nach den Vorschriften des Bilanzrichtliniengesetzes, C. E. Poeschel Verlag, Stuttgart, 5. Auflage, 1987, Sammelordner I, Kommentar zu § 255 HGB, TZ 179, S. 56.

3.0 F&E in Bilanz und Gewinn- und Verlustrechnung

Kontakte 198...

Produkt Bereich	Bezeichnung	Vertriebs-erwartung	Mann-jahre	Finanzierungsart					Summe	Faktor	Ist-Monats-entwicklung
				Kontakt bzw. Kontakt-software	Zuwen-dungs-auftrag	Vertriebs-auftrag	Spez. Kunden-Software	Eigen-anteil			
		A = Auftrag VE 0 = 100% Wahrschein-lichkeit VE 1 = 80% Wahrschein-lichkeit VE 2 = 50% Wahrschein-lichkeit VE 3 = 25% VE 4 = 10%									

Abb. 17: Kontraktverfolgung

3.1 Zukunftsinvestition und Gläubigerschutzprinzip

zweites Mal unter der Gesamtsumme Forschungs- und Entwicklungskosten. Der Fehler lag in der anfänglichen Vermischung der Berichterstattung über Kosten und Bestände.

Bei vertragsgemäßer Ablieferung dieses Entwicklungs- oder Lieferauftrages sind die entsprechenden Kosten den Vorräten zu entnehmen und in den Einstand zu buchen. Sie müssen damit normalerweise vollständig aus den Vorräten verschwinden. Sofern nicht alle Kosten erlösfähig sind belasten sie das Jahresergebnis wie laufender F&E-Aufwand. Das ist ein bei der Projektabwicklung häufig vorkommender Fall, der immer dann eintritt, wenn an einer Änderung in der Aufgabenstellung gearbeitet wird, diese aber mit dem Kunden nicht abgestimmt ist und folglich von ihm auch nicht bezahlt wird. Auch diese Forschungs- und Entwicklungskosten sind dann als laufender Aufwand auszuweisen.

Ähnlich in seinen Auswirkungen ist der Fall, daß zwar keine Änderungen am ursprünglichen Auftragsinhalt vorgenommen werden, daß aber die ursprüngliche Kontraktsumme ausgeschöpft ist und insofern die Kosten aufgrund eigenen unzureichenden Kostenmanagements „überzulaufen" drohen. Auch in dem Fall hätte frühzeitig daran gedacht werden müssen, die Arbeiten innerhalb des Kostenrahmens noch zu einem sinnvollen und erlösfähigen Abschluß zu bringen bzw. den voraussichtlich nicht erlösfähigen Teil der Kosten sofort in das Ergebnis zu nehmen.

Um hier nicht in Jahresabschlußrisiken zu kommen, ist es erforderlich, eine kontinuierliche Überwachung des Zuflusses und des Abflusses der entsprechenden Personenkonten vorzunehmen. Das ist deshalb nicht einfach, weil sich das Bild auf beiden Seiten laufend bewegt und alle diese Bewegungen zwecks Beurteilung laufend nachgehalten werden müssen. Eine umfangreiche Nebenbuchführung kann sehr schnell daraus erwachsen und selbst diese kann zu einer unrichtigen Aussage führen, wenn die Informationen nicht richtig oder nicht zeitgerecht erfolgen. Es handelt sich um das Feld, was man üblicherweise mit „Contract Administration" betitelt (Abb. 17).

Nicht nur Kundenkontrakte (Hardware oder Software), sondern auch sogenannte Zuwendungsaufträge müssen über Bestandskonten geführt werden. Bei Zuwendungen handelt es sich um Geldleistungen z.B. des Bundes, die den Empfängern zur Erfüllung von Aufgaben, an denen der Bund ein erhebliches Interesse hat, gewährt werden und mit bestimmten Bedingungen und Auflagen verbunden sind, die nachstehend aufgeführt werden:

- Die im Zuwendungsbescheid genannten und zitierten Bewilligungsbedingungen müssen sorgfältig eingehalten werden. Zu geringer Mittelabruf kann zur Kürzung der Zuwendungen und gegebenenfalls auch zum Abbruch der Förderung führen (so muß z.B. der Aufwand für den Monat Dezember im voraus geschätzt werden, um die Abfassung des Zahlungsabrufes rechtzeitig zu ermöglichen; Korrektur kann im neuen Jahr erfolgen). Mittelverschiebungen sind zwar mit Zustimmung des Zuwendungsgebers möglich, dürfen aber die Erfolgswahrscheinlichkeit des Projektes nicht verringern. Die Mittel dürfen keinesfalls für Aktivitäten oder Zwecke eingesetzt werden, die nicht unmittelbar dem Projektziel dienen, d.h. die nicht der Zweckbindung entsprechen.
- Der Zuwendungsgeber kann auch sog. Sonderbetriebsmittel bewilligen, wenn diese Arbeitsmittel für das Projekt notwendig sind und es sich nicht um allgemeine La-

borausstattung (auch für andere Projekte zu verwendenden Meß- und Prüfgeräte) handelt.
- Da die Zuwendung weder als Entgelt für eine Leistung an den Bund noch als zusätzliches Entgelt für eine Leistung an einen anderen Leistungsempfänger bezahlt wird, handelt es sich demzufolge auch nicht um steuerbaren Umsatz. Kennzeichnend für Zuwendungsaufträge ist es oft auch, daß der Auftraggeber nur einen in der Bewilligung definierten Anteil der Auftragskosten erstattet. Der Rest ist dann aus eigenen Mitteln zu finanzieren. Die Verbuchung sollte unbedingt brutto vorgenommen werden, gemäß aktienrechtlichem Gliederungsschema als Sonstige betriebliche Aufwendungen (Eigen- und Fremdanteil) bzw. als Sonstige betriebliche Erträge (Zuwendungen). In der Entwicklungskostenabrechnung muß auch der vertragliche Eigenanteil laufend ermittelt und ergebniswirksam gebucht werden (sofern nicht ein Zuschuß der Muttergesellschaft noch mit hineinspielt und die Entwicklungsaufgabe damit „gemischt finanziert" ist).

Aus dem Gesagten ergibt sich gerade für Zuwendungsaufträge der Zwang zu exakter Planung und Kontrolle in der hier beschriebenen Form. Darüber hinaus müssen für die Gelder Verwendungsnachweise geführt werden. Auch für Berichte ist Form und Umfang vorgegeben. Für den vom Entwicklungsingenieur oft so diskreditierten Stundenaufschrieb gibt es z. B. nachstehende klare Vorschriften:

- Die Aufschreibungen sind aktuell vorzunehmen und dürfen in keinem Fall erst nach Beendigung des Vorhabens aus der Erinnerung erfolgen.
- Die Eintragungen sind dokumentenfest vorzunehmen.
- Der ursprüngliche Inhalt einer Eintragung darf nicht mittels Durchstreichen oder auf andere Weise unleserlich gemacht und es darf nicht radiert werden; auch dürfen solche Veränderungen nicht vorgenommem werden, deren Beschaffenheit es ungewiß läßt, ob sie bei der ursprünglichen Eintragung oder erst später gemacht worden sind.
- Die Arbeitsstundenbelege sind vom Aussteller und erforderlichenfalls auch vom Projektleiter oder zuständigen Vorgesetzten zu unterschreiben. Außerdem muß eingetragen sein, wann die Aufschreibungen abgeschlossen wurden.
- Aus dem Formular muß ersichtlich sein, für welches Vorhaben und wie lange gearbeitet wurde. Die Angabe von Auftrags-, Order-, Versuchsnummern und Ähnlichem ist daher unerläßlich.
- Die Stunden für Angestellte und gewerbliche Mitarbeiter sind in der Kalkulation nach betriebsindividueller Gliederung anzugeben.[41]

Dieser staatlichen Nachweispflicht (zum Zwecke der sinnvollen Verwendung von Steuergeldern) sollte die private Nachweispflicht zur optimalen Steuerung des Forschungs- und Entwicklungsaufwandes nicht nachstehen.

Schließlich sind „Vertriebsaufträge" (die wiederum sowohl Hardware wie Software betreffen können) separat zu erfassen und abzurechnen, wobei die gemachten Bemerkungen auch hierfür zutreffen. Es handelt sich dabei um „innerbetriebliche Auf-

---

[41] Vgl. Forschungs- und Entwicklungsvorhaben. Auswahl, Planung, Abwicklung und Kontrolle aus betriebswirtschaftlicher Sicht. Herausgegeben vom Betriebswirtschaftlichen Ausschuß des ZVEI, Verlag Sachon, Mindelheim, 1982, Seite 71.

träge" des Vertriebsbereiches an den Entwicklungsbereich, die bei entsprechenden Vorsichtsmaßnahmen ebenfalls aktiviert werden können.

3.2 Von der Nebenrechnung zur Integration in das Betriebliche Rechnungswesen

Das deutsche Rechnungswesen ist gedanklich nie „responsibility"- orientiert aufgebaut gewesen – zeigte also nicht Verantwortungsbereiche wie Forschung und Entwicklung – und folgerichtig legt auch der deutsche Industriekontenrahmen den Unternehmen nicht nahe, sich mit diesem Teilbereich näher auseinanderzusetzen. Wenn hier – wie in früheren Jahren – wenige Prozent der Gesamtkosten in Frage standen, so mag das ja auch durchaus tragbar gewesen sein. Man begnügte sich damit, in simpelster Weise sich einen Überblick über das Geschehen in dem Entwicklungsbereich zu verschaffen. Oft war es nur eine Kostenstelle, in der das gesamte Entwicklungspersonal geführt wurde. Aussagen zu Aufgaben, differenzierte Kostenarten, Finanzierung oder gar Leistung und Zeit waren weder möglich, noch natürlich auch gefragt. Der Firmeninhaber bestimmte darüber, welche Entwicklungsmannschaft er sich leisten wollte, in Großbetrieben war es ein Zuschlag für die Kalkulationsposition „Entwicklung", welche die notwendigen Ausgaben aus Sicht des Rechnungswesens abschloß.

Beim Umfang heutiger Anstrengungen auf den Gebieten Forschung und Entwicklung ist das nicht mehr angebracht, die Praxis zeigt z.T. auch bereits ausgefeilte Systeme der Kosten- und Leistungsrechnung für F&E (vgl. Anhang).

Ausgehend von den Daten der Finanzbuchhaltung über

– Zahlungsvorgänge (Löhne und Gehälter)
– Beschaffungsvorgänge (Materialeinkauf)
– Verbrauchsvorgänge (Abschreibungen)

können Kostenarten- und Kostenstellenrechnung geführt werden, die allen betriebsindividuellen Bedürfnissen einer F&E-Kostenrechnung gerecht werden. Die Aufteilung der Gemeinkosten und der Umlagen kann in ihrer Struktur ganz den sonstigen Bereichen entsprechen, Einzelkosten werden so gefaßt sein, daß sie F&E-typische große Kosteneinflußgrößen einfangen.

Die Einteilung der F&E-Kostenstellen wird Gesichtspunkte zu berücksichtigen haben, die Verantwortungsbereiche einerseits umfaßt, dann aber auch die Zuordnung zu Projekten und Vorhaben – kostenrechnerisch gesprochen zu Kostenträgern – vorbereitet. Das kann in dem Fall schwierig werden, wenn die Aufbauorganisation vom F&E-Bereich nicht mit der des Unternehmens insgesamt übereinstimmt, und das wiederum ist der Fall, wenn sich Geschäftseinheiten nach Märkten auszurichten haben, Entwicklungseinheiten nach Techniken. So kommen dann Einheiten zustande, die sich technisch ähneln bzw. verwandt sind, die aber produktübergreifend für mehrere Bereiche tätig sind (z.B. Leiterplattenauslegung, Rechenzentrum). In solchen Fällen ist die kostenstellenmäßige Zusammenführung trotzdem sinnvoll, da eine nach technischen Gesichtspunkten einheitliche Führung erfolgen kann, wobei dem Aspekt der Differenzierung nach Produkten oder Projekten durch die beschriebene Systema-

74   3.0 F & E in Bilanz und Gewinn- und Verlustrechnung

tik der Auftragsnummerierung Folge geleistet werden kann. Andere kostenrechnerische Aspekte können nur über Verrechnungskostenstellen oder Bereichssammelkostenstellen abgefangen werden, z. B. die Zentralverwaltungsumlage der Muttergesellschaft oder die firmenweit aufzubauende Altersversorgung, um sie erst danach über Schlüssel (z. B. Herstellkosten oder Kopfzahl) abzudecken.

Sofern das Rechnungswesen über EDV abgewickelt wird, ist es natürlich naheliegend, vorhandene, schon für andere Bereiche laufende Programme mit den Erfordernissen der F&E-Kostenrechnung zu vernetzen, so daß die Kostenarten-, Kostenstellen-, und sogar Kostenträger-Auswertungen vollmaschinell ablaufen können. In dieser Weise kann eine Entwicklungskostenabrechnung vernetzt sein mit den Programmen:

- Löhne und Gehälter
- Gemeinkosten/Betriebsabrechnungsbogen
- Bestand
- Umsatz/Einstand
- Debitoren
- Kreditoren.

3.3 Tendenzen im Ausweis von F&E nach neueren internationalen Rechnungslegungsvorschriften

Während die geschilderten deutschen Vorschriften des Ausweises von F&E z. B. in den USA und Frankreich noch restriktiver gehandhabt werden, was die Aktivierung angeht, d. h. daß alle F&E-Kosten in strenger Auslegung als Periodenkosten angesehen werden (es sei denn, es liegen ganz bestimmte Bedingungen vor), wurde bisher über F&E eingehender als in Deutschland berichtet. So ist es nach US-amerikanischen Richtlinien der Rechnungslegung vorgeschrieben, daß „the total of research and development costs, including amortization of deferred development costs, charged as expense, should be disclosed"[42]

Neuere Richtlinien wie diejenigen der Europäischen Gemeinschaft kehren diese Tendenz um, und zwar weniger durch Zahlen, als durch verbale Berichterstattung über den Bereich F&E.

Da die EG-Richtlinien in nationale Gesetze transformiert werden mußten, finden sich heute im deutschen Handelsrecht (HGB §§ 289 und 315 für den Einzel- bzw. Konzernabschluß) entsprechende Sollvorschriften wieder, nach denen vom Bereich F&E ein den tatsächlichen Verhältnissen entsprechendes Bild zu vermitteln ist. Das wird sich oft bereits in den Personalzahlen ausdrücken lassen bzw. in wesentlichen Projekten, die zum Abschluß gebracht wurden. Es wird nicht soweit zu gehen haben, daß über in Bearbeitung befindliche oder gar erst anzugehende Themen und Gebiete berichtet werden muß, selbst unter dem Gesichtspunkt nicht, daß Vorgänge von

---

[42] Vgl. hierzu International Accounting Standard No. 9 „Accounting for Research and Development Activities", herausgegeben vom International Accounting Standards Commitee, London, § 23.

besonderer Bedeutung damit verbunden sind, die dann natürlich auch Lage und Geschäftsverlauf des Unternehmens in der Zukunft zu charakterisieren imstande sind.

Nach dem auf denselben EG-Richtlinien basierenden Bilanzrichtliniengesetz für deutsche Jahresabschlüsse für Wirtschaftsjahre nach dem 31. 12. 1986 stellt gekaufte Software insofern ein Problem dar, als für den bilanziellen Ausweis die Gretchenfrage zu lösen ist, ob es sich um ein materielles oder ein immaterielles Gut handelt. Da im Aktiengesetz 1965 und hier speziell in § 151 Gliederung der Jahresbilanz das Wort „Software" noch nicht vorkommt, muß der Kauf von Software unter dem Blickwinkel materiell/immateriell gelöst werden, oder wie das Bilanzrichtliniengesetz vorschreibt, unter dem Gesichtspunkt „Sachanlagen" oder „Immaterielle Vermögensgegenstände". Bei Software – jenen geistigen Leistungen, die sich in Form von EDV-Programmen „materialisieren" – handelt es sich danach entweder um „Andere Anlagen, Betriebs- und Geschäftsausstattung" oder eben um „Immaterielle Vermögensgegenstände". Im ersten Fall überwiegt der Gesichtspunkt des „körperlichen Gegenstandes" für die Einordnung (Band, Diskette, sonstiger Datenträger), im zweiten Fall der des geistigen Inhalts (Entwicklungsleistung). Natürlich lassen sich für beide Gesichtspunkte Gründe finden, die Frage ist nur, warum sie sich noch nicht zu einer herrschenden Meinung verdichtet haben. Denn ganz offensichtlich wird diese Frage heute wie vor zehn Jahren noch heftig und kontrovers diskutiert und lassen sich in der Rechtsprechung Urteile dieser oder jener Art finden. Beispielhaft für viele seien hier zwei herausgegriffen:

- Finanzgericht Berlin vom 18. 09. 1985, EFG 1986 erkennt problemorientierte Standard-Software-Programme als materielle Wirtschaftsgüter an.[43]
- der Beck'sche Bilanzkommentar „Der Jahresabschluß nach Handels- und Steuerrecht" schließt aus demselben Urteil, daß Individual- und Standardprogramme „unbestritten als immaterielle Vermögensgegenstände" zu gelten haben.[44]

Wie sollte sich bei dieser Rechtslage die Unternehmenspraxis verhalten, wenn es darum geht, beim Kauf von Software (nur um gekaufte Software geht es nach deutschem Handelsrecht; selbsterstellte Software ist aus dem Gläubigerschutzprinzip heraus ausgeschlossen, es sei denn, es handelt sich um Software für einen bestimmten Auftraggeber bzw. für den Absatz am Markt, – hier ist eine Aktivierung als materielles Gut des Umlaufvermögens vorzunehmen) den korrekten Bilanzausweis zu finden? Insbesondere nach einem in jüngster Zeit ergangenen Urteil des Bundesfinanzhofes[45] wird es nun möglicherweise doch zu einer herrschenden Meinung kommen, jedenfalls soweit die ertragssteuerliche Behandlung von Individual-Software in der Steuerbilanz betroffen ist (das Handelsrecht hat sich nach wie vor nicht festgelegt). Danach dominiert die geistige Leistung, der Wert des Datenträgers tritt demgegenüber in den

---

[43] Vgl. Jörg-Peter Voss, Die ertragssteuerliche Behandlung von Software, Institut Finanzen und Steuern, Nr. 264, Bonn, März 1987, Seite 23.
[44] Vgl. Pankow/Reichmann, Immaterielle Vermögensgegenstände, in: Beck'scher Bilanzkommentar „Der Jahresabschluß nach Handels- und Steuerrecht", 1986, Seite 207.
[45] Urteil des Bundesfinanzhofes vom 3.7 1987 (III R 7/86), veröffentlicht in: Der Betrieb 1987, S. 1970–1973.

Hintergrund. In der Bilanz des Anwenders ist diese Art Software als ein immaterielles Gut unter „Immaterielle Vermögensgegenstände" auszuweisen.

Auch bei Standard-Software hat das o. g. BFH-Urteil zumindest für die Steuerbilanz insofern zur Klarheit beigetragen, als diese nunmehr ebenfalls als ein immaterielles Wirtschaftsgut angesehen wird.

Eine Ausarbeitung von Voss leitet demgegenüber aus der Verkehrsanschauung ab, daß es sich wohl eher um eine Ware, einen körperlichen Gegenstand des Handelsverkehrs handelt, bei dem die Produktionskosten den Wert bestimmen.[46]

Nur wenn der Gesichtspunkt überwiegt, daß die Produktionskosten den Wert bestimmen (was z. B. bei Standard-Anwendungsprogrammen für Micro-Computer der Fall ist) sind entsprechende Anschaffungskosten beim Anwender unter „Betriebs- und Geschäftsausstattung" im Rahmen der „Sachanlagen" auszuweisen.

---

[46] Vgl. Jörg-Peter Voss, Die Ertragssteuerliche Behandlung von Software, a. a. O., Seite 94f.; Vgl. auch Gesellschaft für Finanzwirtschaft in der Unternehmensführung e. V. (GEFIU), Ausgewählte Probleme bei der Anwendung des Bilanzrichtliniengesetzes, Bd. 2, Fachverlag für Wirtschaft und Steuern, Schaeffer GmbH & Co., Stuttgart 1987, Seite 3.

4.0 Das Management von F&E

4.1 Zeitmanagement

Genauso wie im Fertigungsbereich oder in der Außenmontage Zeitvorgaben von jeher üblich waren, ist es für einen F&E-Bereich prinzipiell nicht auszuschließen, daß mit Zeitvorgaben gearbeitet wird. Diese haben jedoch hier einen anderen Stellenwert, denn es handelt sich um eine nicht unmittelbar bevorstehende Zeit, sondern um eine zeitliche Entwicklung bis hin zu einem Endtermin, zu dem das Ergebnis vorliegen soll. Damit muß das Zeitziel in seine Komponenten aufgefächert und kontrolliert werden (Zeitmanagement von Meilensteinen).

Durch eine Auffächerung wird das Ziel verfolgt, überschaubare Teileinheiten zu schaffen, die der Kontrolle auch tatsächlich unterworfen werden können. Mit diesem Schritt wird der zeitlichen Leistungsmessung im Fabrikbereich – der Messung der Arbeitsproduktivität – wieder nahegekommen bzw. in dieselbe Richtung gedacht. Pro Zeiteinheit sollen zwar im Falle F&E nicht soundsoviele Stücke „produziert" werden, sehr wohl aber ein Stück – das Ergebnis um soundsoviel weitergebracht werden. „Weiterbringen" läßt nun anklingen, daß damit ja nicht der Zeitverbrauch allein gemeint sein kann, sondern dieser in Verbindung mit der erbrachten Leistung. Diese beiden Teile gehören konstitutiv zusammen, eine Zeitmessung ohne gleichzeitig Leistungsmessung macht keinen Sinn.[47]

Wenn dennoch von den Betroffenen gegen diese Art des Controlling heftig Widerstand geleistet wird, so deshalb, weil auf die andere Art der „Produktion" hingewiesen wird, nämlich auf Software statt auf Hardware. Deren An- und Abarbeitung geschehe aber nun nicht vorhersagbar oder gar stetig, sondern in Sprüngen und Schleifen, und damit eben gerade nicht vorhersagbar. Das ist die eine Seite der Betrachtungsweise, und die ist sicher richtig. Die andere Seite ist, daß das frühere oder spätere Fertigwerden mit einem Forschungs- oder Entwicklungsergebnis auf die Finanzsituation einen u. U. einschneidenden Einfluß ausübt. Grund dafür ist die dem heutigen Wirtschaftsleben innenwohnende Tatsache, daß die frühe Bereitstellung von Produkten mehr wert ist als die spätere, und damit das Unternehmen davon profitieren läßt, welches dazu in der Lage ist. „Zeit ist Geld", dieses Schlagwort hat unter diesem Aspekt einen ganz eigenen Stellenwert, und die Betriebswirtschaftslehre nimmt sich dieses Themas wieder ganz besonders an. Anders wäre auch nicht die finanzwirtschaftliche Praxis der Berechnung von Zinsen bzw. deren Kehrwert, die

---

[47] Sehr wohl möglich ist eine Zeit-/Leistungsmessung ohne gleichzeitige Kostenverfolgung, und zwar unter dem Gesichtspunkt, daß ein Forschungsteam z. B. pro Zeiteinheit mit einem gewissen Kostenverbrauch korreliert, so daß nicht dieser die variable abhängige Größe darstellt, sondern in besonderem Maße die erbrachte Leistung. Diese Aussage sollte für Forschungsbereiche eine Kostenkontrolle in größeren zeitlichen Abständen oder in einer vereinfachten Gliederungstiefe ermöglichen.

Diskontierungspraxis zu verstehen, die die Geldbereitstellung zu unterschiedlichen Zeitpunkten bestraft oder belohnt, und zwar je nach wirtschaftlichen Gegebenheiten eben in ganz unterschiedlicher Weise. Daß es sich um eine jahrhundertealte Praxis handelt, beweist nur, daß sie auch bei der Produktbereitstellung ihre Wirkung zeigen muß.

Beide genannten Gesichtspunkte des Zeitmanagement zu vereinen, ist sicher die „hohe Schule" des F&E-Controlling, aber bei nüchterner Betrachtung der Gegebenheiten gar nicht zu umgehen.

4.2 Leistungsmanagement

4.2.1 Input und Output als Leistungsdeterminanten

Das Verhältnis von Entwicklungsoutput zu Entwicklungsinput kann kurz als „F&E-Effizienz" bezeichnet werden, sie setzt sich zusammen aus der erbrachten Leistung im Verhältnis zu dem dafür notwendigen Aufwand, also:

$$\frac{\text{Output}}{\text{Input}} = \frac{\text{Leistung (Mengeneinheit)}}{\text{Aufwand (Mannjahre, Kosten)}} = \text{F\&E-Effizienz}$$

Da jedes Effizienzkriterium eine Verhältniszahl sein sollte, wird mit dieser Aussage von der üblichen Praxis abgewichen, den Input allein schon als ein Effizienzkriterium anzusehen (in Stunden gemessen eine Größe, die oft mit „Produktivität" bezeichnet wird). Erbrachte Mannjahre muß man zunächst einmal als Entwicklungsinput begreifen, um auf die Suche nach Maßgrößen für den Output gehen zu können. Auch bei einer Fabrikleistung werden die Fertigungsstunden nicht als Produktivität bezeichnet, sondern nur die in einer Zeiteinheit produzierten Stücke. In dieser Beziehung liegen die Verhältnisse in einem Entwicklungsbereich nicht anders als im Fabrikbereich, nur ist es erheblich viel schwieriger, mit sichtbar produzierten Stücken zu sinnvollen Outputmaßgrößen zu kommen. Selbst wenn man sie hat – zum Beispiel „Lines of Code" – könnte man in finaler Denkweise weiter fragen, ob diese eine „Leistung" darstellen, denn vielleicht handelt es sich um eine Programmschleife, die sich hinterher als überflüssig erweist.[48]

Aber zunächst einmal ist schon die Feststellung wichtig, daß es sich auch im Entwicklungsbereich um eine Verhältniszahl handeln muß.[49]

Nachstehend soll eine Auflistung denkbarer Output-Maßgrößen Anregungen geben, wie im konkreten Einzelfall eine Effizienzmessung versucht werden kann.

---

[48] Auch sind sie möglicherweise nicht neutral gegenüber bestimmten Maximierungsstrategien, so daß sie auf Umwegen dann doch wieder „input" messen.
[49] Damit werden Mannjahre und Stundenkosten der Entwicklung zu „variablen" Werten gemacht. Nur die Sicht, daß eine Entwicklungsmannschaft „vorgehalten" werden muß, betrachtet die damit verbundenen Entwicklungskosten als „fix".

4.2 Leistungsmanagement

Als Outputmaßgröße kann demnach gelten die Anzahl der
- DIN-A4-Seiten
- Skizzen
- Zeichnungen
- Befehle (LOC's)
- Schnittstellen
- Programmverzweigungen
- Testfälle
- Speicherzugriffe
- Interne Funktionen
- Benutzerfunktionen
- Speicherbelegung
- Leistungsmerkmale
- Aufbauunterlagen
- Bausteine
- Systeme
- Subsysteme
- Funktionen.

„Es ist allerdings darauf hinzuweisen, daß die ... aufgeführten Maßgrößen nicht unbedingt alle Möglichkeiten erschöpfen, wie umgekehrt bei der Messung des Outputs ... nicht alle aufgeführten Maßgrößen notwendigerweise anzuwenden sind".[50]

Sofern eine oder mehrere der genannten Maßstabsgrößen gefunden werden können, ist es möglich, die aus der Betriebswirtschaft bekannten Vergleiche vorzunehmen, nämlich:

- Zeitvergleich
- Betriebsvergleich
- Soll-/Ist-Vergleich.

Beim Zeitvergleich werden die nach derselben Methode in zwei unterschiedlichen Zeitperioden erhaltenen Resultate miteinander verglichen und bewertet.

Der Betriebsvergleich kann zumindest auch betriebsintern versucht werden: auch in einer Verwaltungsabteilung werden DIN-A4-Seiten (oder entsprechende Bildschirmseiten) „produziert", nämlich Anzahl Buchungen, Anzahl Mahnungen usw. Eventuell bietet sich der Vergleich verschiedener Entwicklungsabteilungen desselben Unternehmens an, in den seltensten Fällen wird ein externer Vergleich mit Entwicklungsabteilungen von fremden Unternehmen möglich sein, obwohl gerade dieser interessant wäre. Natürlich müssen bei einem Vergleich wirklich vergleichbare Tätigkeiten gesucht werden, die aber in der „Entwicklungsproduktion" sicher gefunden werden können. Wenn es in den Entwicklungsbereichen noch unüblich ist, von „Produktion" zu sprechen, so ist dennoch nicht von der Hand zu weisen, daß es sich bei dem Erarbeiten von „Statements" innerhalb der Software-Entwicklungstätigkeit um einen Produktionsvorgang ganz ähnlich dem der Fabrik handelt, sichtbar unter anderem

---

[50] Vgl. ZVEI-Schriftenreihe Betriebswirtschaft, Kalkulation von DV-Software und Projektierungsleistungen. Herausgegeben vom Betriebswirtschaftlichen Ausschuß des Zentralverbandes der Elektrotechnischen Industrie e. V., ZVEI, Frankfurt 1985, S. 29f.

auch daran, daß sich in den Unternehmen Fabrik und Entwicklung bei CAD/CAM z. B. mehr und mehr zusammenschließen und einen Verbund des CIM bilden.[51]

Der Vergleich mit dem Vorgehen in der Fabrik führt noch zu einem weiteren auffallenden und nicht begründbaren Unterschied. Das Entwicklungsziel wird zwar, wie gesehen, ausgiebig über Zeit, Leistung und Kosten geplant, aber die tatsächliche Arbeit dann nicht mehr weiter eingefädelt und durchgeschleust: es gibt keine Arbeitsvorbereitung in den F&E-Abteilungen. Es kann aber überhaupt nicht vermutet werden, daß die arbeitsvorbereitenden Maßnahmen wie Materialbereitstellung, Planung des Nach- und Nebeneinander der Bearbeitung, der erforderlichen Prüftätigkeiten am fertigen Stück im Entwicklungsbereich insgesamt „richtiger" und vor allem ohne weitere Beschäftigung damit gemacht werden als im Fertigungsbereich. Die Vermu-

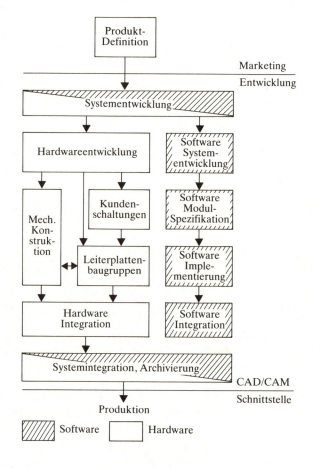

Abb. 18: Entwicklungsprozeßschritte

---

[51] Computer Aided Design = CAD, Computer Aided Manufacturing = CAM, Computer Integrated Manufacturing = CIM

tung spricht vielmehr dafür, daß hier wie dort arbeitsvorbereitende Maßnahmen notwendig sind. Diese sollten insbesondere auf den Teil einer Entwicklungsarbeit zutreffen können, der entsprechend der o. a. Outputmaßgrößen im Anarbeitungsgrad gemessen werden kann. Es wird vermutet, daß es sich hierbei um bis zu 90% aller Entwicklungstätigkeit handeln kann (nach dieser Aussage sind nur 10% nicht meßbar, nämlich im eigentlichen Sinne „kreativ").

Übrigens verspricht eine integrierte Betrachtungsweise, die Marketing, Entwicklung und Fabrik mit einschließt, als gesamthafte Betrachtung des Produktentstehungsprozesses zusätzliche Effizienzverbesserungen ganz eigener Art.[52]

Einmal sind die Leistungen oft schon aus Prozeßsicht miteinander verknüpft, denn die Lösung eines Problems auf der Entwicklungsseite (nämlich durch Software) läßt sich oft auch auf der Fabrikseite (dann durch Hardware) bewerkstelligen. Zum anderen muß das Arbeiten mit den (in der Entwicklung erstellten) Fertigungsunterlagen in der Fabrik mit denselben Mitteln erfolgen können, das heißt, Investitionsbemühungen auf der einen Seite (z. B. in das eben genannte CAD-Konzept) induzieren gleichgerichtete auf der anderen Seite.

Wird dieser Schritt vollzogen, so ist es zumindest möglich, zur aussagekräftigsten Form der oben erwähnten betriebswirtschaftlichen Vergleiche zu gelangen, dem Soll-Ist-Vergleich. Dazu gehören Standards, und diese müssen – wenn sie nicht demotivierend wirken sollen – sowohl anspruchsvoll als eben auch erreichbar sein. Um aber erreichbare Standards zu ermitteln, wird eine genaue Kenntnis des Produktionsvorganges gebraucht, – genauso, wie Refa-Ingenieure zunächst einmal Messungen der Tätigkeiten in den Betrieben vorzunehmen haben. „Refa"-Gedankengut ist den Entwicklungsabteilungen noch völlig fremd.

Ob das Vorgehen in den „Zeitgeist" paßt und nicht Belegschaft und Betriebsrat sich gegen jede Art Messung der Tätigkeit wehren, ist eine andere Frage, die hier nicht zu entscheiden ist. Der eine könnte es in der Tat tun aus dem Gesichtspunkt heraus, hier handele es sich um eine geistige und damit ex definitione nicht meßbare Leistung, der andere unter dem Blickwinkel, daß damit eine betriebliche und überbetriebliche Leistungskontrolle ermöglicht würde, über deren Einführung eine Betriebsvereinbarung abzuschließen ist.

Andererseits ist nicht von der Hand zu weisen, daß der Anteil der Entwicklungsleistung relativ an der Gesamtleistung steigt – jedenfalls in High-Tech-Unternehmen – und zwar oft zu Lasten der Werksleistung. Im System der Sozialen Marktwirtschaft kann ferner nicht daran vorbeigegangen werden, Leistung so wirtschaftlich wie möglich zu erbringen, um überleben zu können. An diesem wirtschaftlichen Grundtatbestand wird man auch in der sich schnell ändernden Entwicklungsumgebung nicht vorbeisehen können. Ist die zögernde Rezeption des vorgenannten Gedankengutes lediglich zurückzuführen auf übliche Einführungsschwierigkeiten, so ist das weniger gravierend. Auch auf der Fabrikseite hat es Jahre gedauert, bis Wirtschaftlichkeit als Prinzip akzeptiert war und vor allem praktiziert wurde.[53]

---

[52] Vgl. hierzu nebenstehende Abb. 18.
[53] Dort ist heutzutage fast von dem umgekehrten Phänomen zu sprechen. Selbst bei oft drastisch reduziertem Lohnhalt der Fertigung werden weiter Vorgaben gemacht und Abweichungsrechnungen durchgeführt, obwohl sie wegen ihrer geringen Auswirkung auf das Gesamtbild schon lange ihren (jedenfalls ursprünglichen) Sinn verloren haben.

Zur konkreten Effizienzverbesserung durch Arbeitsstudien und Arbeitszeitermittlung auf dem Gebiet der Forschungs- und Entwicklungstätigkeiten bieten sich damit folgende Einzelmaßnahmen an:

- Lückenlose Aufgabenanalyse und -definition als Maßnahme der Arbeitsvorbereitung (unvollständige, fehlerhafte, oder gar fehlende Eingangsinformationen führen entweder zu Mißverständnissen oder zu fehlerhaften Ergebnissen, die dann in der Regel einen höheren Kapazitätseinsatz und längere Durchlaufzeiten erfordern).
- Klare und vollständige Informationsübergabe an Schnittstellen von Einzelaufgaben (zum Beispiel ist eine wesentliche Beschleunigung erreichbar, wenn neue Bauelementetypen schon bei Erwägung ihres Einsatzes bekannt werden, so daß Datenbeschaffung und -aufbereitung parallel zur noch laufenden Stromlaufentwicklung erfolgen können und zum Übergabezeitpunkt die Informationen vorliegen; dazu gehören auch ausgefüllte Identifikationsmerkmale und eine Eindämmung der Typenvielfalt schon im Einkauf).
- Gleicher Leistungsdruck auf allen Ebenen und in allen Bereichen durch Anpassung der Aufgaben je nach Komplexität und Schwierigkeit an die unterschiedliche Qualifikationsstruktur von Mitarbeitern (hierbei wird man feststellen, daß ein bestimmter Prozentsatz an Mitarbeitern - Sozialfälle – ohne wesentlichen Verlust an Entwicklungsleistung in eine unproduktive Sozialkostenstelle versetzt werden kann; allerdings ist darüber mit dem Betriebsrat Einverständnis zu erzielen).
- Vermeiden zu zahlreicher Hierarchiestufen in der Aufbauorganisation (die dem Entwicklungsingenieur sonst das Gefühl gibt, nicht mehr an wesentlichen Teilaufgaben mitzuwirken und die außerdem das Innovationsklima negativ beeinflussen).
- Entgegenwirken der Fluktuationsrate durch Verbesserung der Arbeitsbedingungen wie Raum, Ausstattung mit Meß- und Prüfgeräten und dgl. (damit Erhaltung und Steigerung des Quantitätsniveaus, Vermeidung von Projektverzögerungen, Vermeidung von Doppelarbeiten und Schnittstellenaufwand).
- Intensive personalpolitische Betreuung sogenannter „Gatekeepers", bzw. von „High Technical Performers" (diese zeichnen sich durch Eigenschaften aus, die für das Unternehmens- oder Projektgelingen wesentlich sind, so daß sie entsprechend entlohnt, gefördert, in die Informationswege einbezogen und, wenn befördert, sofort ersetzt werden sollten).[54]

Selbst bei Erreichen von Erfolgen auf einem Teilgebiet der Entwicklungseffizienz muß weiter gefragt werden, ob die partielle Effizienzverbesserung nicht weitere Maßnahmen erforderlich macht, um die Gesamteffizienz des Bereiches Forschung und Entwicklung zu optimieren, aber eben unter Abstimmung der Teilkapazitäten untereinander. Es kann durchaus nicht als selbstverständlich angenommen werden, daß sich beides miteinander deckt, wie nachfolgendes Beispiel zeigt: In der Normenstelle besteht ein jahrelanger Rückstau an unerledigten Arbeiten; die davon abhängigen Abteilungen müssen zum Teil selbst Recherchen anstellen, was ihre Effizienz natürlich in erheblichem Ausmaß negativ berührt. Derselbe Gedanke läßt sich sogar über

---

[54] Vgl. T. J. Allen, Management of the Flow of Technology, Cambridge, Mass., MIT-Press 1977, S. 145–180 (Allen nennt an solchen Eigenschaften: Kontakthäufigkeit außerhalb der Organisationen in der sie tätig sind, begierig, sich über Neues zu informieren, mit vielen Leuten zusammenzuarbeiten, sich an zahlreichen Aufgaben zu beteiligen, usw.).

den gesamten Entwicklungsbereich ausdehnen, denn wenn andere Bereiche nicht auf und mit diesem abgestimmt sind, wird dort die Effizienz zu leiden haben mit dem entsprechenden negativen Einfluß auf die Gesamteffizienz (typisches Beispiel ist die Verbindung von CAD/CAM zu CIM wie zuvor beschrieben).

4.2.2 Make or Buy, Joint Ventures und Kooperationen

Unter dem Gesichtspunkt der Effizienzsteigerung sollten Überlegungen zu „Make or Buy", Kooperationen und Joint Ventures nicht ausgeschlossen bleiben, wobei sich diese Überlegungen auf Verbesserungen in zeitlicher, kostenmäßiger bzw. leistungsmäßiger Hinsicht beziehen können bzw. auf alle drei Größen oder auch Kombinationen derselben.

Zum Teil sind diese Vorgänge schon heute besonders in die strategischen Überlegungen der Unternehmen einbezogen, und zwar, weil der Wettbewerbsdruck gerade in zeitlicher Hinsicht als besonders stark empfunden wird, – man kommt durch eigene F&E-Anstrengungen zeitlich ins Hintertreffen und empfindet es auch so. Das wirft ein bezeichnendes Licht darauf, wie stark der Zeitfaktor zu Anpassungsvorgängen führen kann und muß, obwohl es – betriebswirtschaftlich gesehen – ein reines Kalkül sein muß, ab wann (oder besser vor welchem Vorhaben) eigene F&E-Anstrengungen verlassen werden sollten zugunsten eben der hier zu diskutierenden anderen Wahlmöglichkeiten. Bei Rechnen mit spitzem Bleistift und der simplen Gegenüberstellung von Kosten (für Lizenzen, geteiltem Know-how, Kapitaleinsatz) auf der einen Seite und Erträgen auf der anderen hätte u. U. auch schon früher die eine oder andere Entwicklungsarbeit nicht im eigenen Unternehmen angefangen zu werden brauchen. Aber diese Betrachtung macht auch deutlich, wie stark der Faktor „not invented here" immer noch eine Rolle spielen muß bzw. immer gespielt hat, und wie wichtig für ein wirkungsvolles F&E-Controlling gerade die ungetrübte Durchleuchtung dieser Seite des F&E-Geschehens ist. Entwicklungsergebnisse, ja Forschungsergebnisse lassen sich auch kaufen. Die Rede ist hier nicht von Unteraufträgen, die mit klar umrissenen Werkleistungsziel und mangels eigener Kapazität an Fremdunternehmen vergeben werden, die Rede ist vielmehr von fertigen Problemlösungen, die gegen Lizenzgebühr eingekauft werden und ab dem Moment dem eigenen Unternehmen verwendbar zur Verfügung stehen. Hier sind die Vorteile der sofortigen Verfügbarkeit ohne eigene Anstrengungen den Nachteilen der Abhängigkeit vom Lizenzgeber gegenüberzustellen, die darin besteht, daß u. U. für eine lange Zeit Lizenzen zu bezahlen sind und ein eigener Einstieg in das Know-how des jeweiligen Gebietes nicht erfolgt, so daß auch Weiterentwicklungen nicht oder nur in erneuter Abhängigkeit mitgemacht werden können. Andererseits ist man an einer bestimmten Technik überhaupt beteiligt und kann sich – je nach Lizenzvertrag – in anderer Hinsicht gegenüber dem Lizenzgeber differenzieren (Märkte, Kunden, Produkte).[55]

Unter dem Gesichtspunkt der eingeschränkten Möglichkeiten des Markteintritts oder der Notwendigkeit, Know-how unterschiedlicher F&E-Gebiete und erforderliche Synergien zu erreichen, kann es angebracht sein, Gemeinschaftsentwicklung anzu-

---

[55] Vgl. Günter Danert, Unternehmensführung und Organisation. Erfahrungen und Beispiele aus der Praxis, C. E. Poeschel Verlag, Stuttgart 1987, S. 11.

streben bzw. ein Joint Venture in gesellschaftsrechtlicher Form zur Entwicklung eines bestimmten Produktes einzugehen. In dieser Hinsicht eine Abwandlung stellt ein Konsortium dar, welches mit oder ohne eigene Rechtsform geführt werden kann, wobei hier gegenüber dem klar definierten Joint Venture die Schwierigkeiten hinsichtlich Know-How-Transfer beginnen können und unter den Partnern klar vereinbart werden sollten.

Eine noch schwächere Form der Zusammenarbeit stellt die Kooperation mit einem Partner dar, bei der es darum geht, streckenweise oder befristet zusammenzuarbeiten, also bestimmte Leistungen in bestimmter Zeit gemeinsam zu erreichen, um danach wieder auseinanderzugehen (oder aber ein Weitergehen zu vereinbaren). Derartige Kooperationen werden nicht selten mit Partnern aus dem nicht-industriellen Bereich abgeschlossen, wie z.B. Forschungseinrichtungen, Universitätsinstituten u. dgl.

Eine – u.U. sehr effiziente – Form der Zusammenarbeit, die sich im Rechenwerk der Unternehmung zunächst gar nicht zeigt, ist die Zusammenarbeit mit dem eigenen Personal in der Weise, daß zu Patentanmeldungen, zu Vortrags- und Lehrtätigkeiten bzw. zu Veröffentlichungen angehalten wird. Bis auf die nach Arbeitnehmer-Erfindungs-Gesetz vorgeschriebene Erfindervergütung bzw. gegebenenfalls den einen oder anderen Beitrag zur Institutsausstattung kann das eine (weitgehend unentgeltliche) Form der Zusammenarbeit sein, die Wissen zumindest indirekt einfängt, aber sehr wohl das „standing" einer Unternehmung in bezug auf Forschung und Entwicklung herausstreichen kann.

4.3 Kosten- und Bilanzmanagement (Die Deckung der F&E-Kosten)

Der Bereich Forschung und Entwicklung ist ein Cost Center, er erwirtschaftet keine eigenen Erträge (wenn von geringfügigen Erträgen, die aus dem Verkauf von selbstentwickelter Software auf dem Markt erzielt werden können, und von Lizenzvergabe abgesehen wird, siehe dazu unten). Gerade deshalb ist besonderes Augenmerk – auch des Controllers - nötig, um diesen Kostenblock in der Erzeugniskalkulation optimal abzudecken.

Die Deckung der Forschungs- und Entwicklungskosten in der Erzeugniskalkulation kann immer auf zwei Arten vorgenommen werden, entweder „kalkulatorisch" oder „pagatorisch". Eine kalkulatorische Deckung liegt dann vor, wenn der langfristige Durchschnitt der F&E-Kosten, berechnet anhand von Ist-Zahlen der Vergangenheit oder auch anhand von Planzahlen, auch für eine Erzeugniskalkulation zur Anwendung kommt. Diesem Vorgehen liegt die Überlegung zugrunde, daß die Aufwandshöhe sich im Verlauf der Jahre nicht sprunghaft ändert und insofern zukünftige Produkte zumindest das Aufwandsniveau abdecken müssen, welches gegenwärtig schon die Gewinn- und Verlustrechnung belastet. Ein solches Vorgehen ist vor allem in Fällen geeignet, in denen Serien- oder Sortenfertigung vorherrscht und es sich bei dem akuten Fall um keine Auftragsentwicklung oder Auftragsforschung (Zuwendungsauftrag oder dergleichen) handelt.

Demgegenüber liegt eine „pagatorische" Deckung dann vor, wenn eine Beziehung zwischen Forschungs- und Entwicklungskosten einerseits und zu kalkulierendem Pro-

4.3 Kosten- und Bilanzmanagement

dukt andererseits geknüpft wird und vor allem geknüpft werden kann. Oft ist das nicht möglich, so daß auf die kalkulatorische Version der Aufwandsabdeckung zurückgegriffen werden muß. Eine Verknüpfung herzustellen, kann aus sachlichen und/ oder zeitlichen Gründen unmöglich sein. So kann der Fall vorkommen, daß bei Beginn der Forschungs- und Entwicklungsarbeiten noch nicht feststeht, wie das Produkt aussieht oder in welche anderen Produkte die Arbeiten eingehen oder was für weitere Folgerungen sich aus dieser Arbeit ergeben werden (spinn-off-Effekt). Zusätzlich erschwert werden kann die unmittelbare Verknüpfung durch zu große zeitliche Distanz, so daß allein aus zeitlichen Gründen nicht abgeschätzt werden kann, wie nach Jahren Forschungs- und Entwicklungsarbeit das Produkt aussehen kann bzw. auf welchen Markt es dann treffen wird.

Sind diese Erschwernisse aber im konkreten Einzelfall nicht vorhanden oder aber ausgeräumt, so läßt sich durchaus daran denken, gezielt den geplanten Aufwand dem zu kalkulierenen Produkt zuzurechnen und mit dieser Kalkulation eine Abdeckung zu erreichen. Die Frage ist dann nur noch, wie weit der zeitliche Rahmen gesteckt werden soll. Kalkulieren läßt sich einerseits auf die gesamte Produktlebenszeit (sofern diese bekannt oder realistisch abschätzbar ist) oder auch auf einen kürzeren Zeitraum in der Annahme oder Hoffnung, daß die Forschungs- und Entwicklungskosten mit den ersten Exemplaren des Produktes bereits wieder hereingespielt werden können. Danach läßt sich dann zum Beispiel entweder eine Preissenkung vornehmen oder eine „Differentialrente" einstreichen oder eine Reserve für eine folgende Entwicklung aufbauen. Bei Auftragsfertigung oder im Projektgeschäft wird diese Frage ganz besonders schnell akut werden und ebenso schwer zu lösen sein. Trägt der erste vorliegende Auftrag die gesamten Aufwendungen? Ist mit weiteren Aufträgen zu rechnen, nachdem nunmehr das Know-How angesammelt ist? Muß mit Fortsetzung der Forschungs- und Entwicklungstätigkeit auf demselben Gebiet gerechnet werden? Ist mit Preisverfall auf dem entsprechenden Markt zu rechnen? Das sind die Fragen, die gelöst werden müssen, wenn die schwierige Entscheidung einer Angebotskalkulation ansteht, mit der zum ersten Mal der Markt bzw. das Verhalten der Marktteilnehmer getestet wird.

Die Aufgabe des Controllers bei den beschriebenen Vorgängen ist es, mit dafür zu sorgen, daß langfristig der Bestand des Unternehmens gesichert bleibt, sprich ausreichende Erlöse erzielt werden. Er wird hier sicherlich nicht allein tätig sein können, sondern auf die Mithilfe von Abteilungen wie Preisstelle, Vertrieb, Herstellkostenermittlung und unter Umständen noch anderer Stellen angewiesen sein, aber er sollte mitverantworten, ob Forschungs- und Entwicklungskosten mit dieser oder jener der oben angegebenen Kalkulationsmethoden bzw. in dieser oder jener Höhe zu decken versucht werden soll.

Bekanntermaßen wird hier von Vertriebsseite oft die Tendenz vorherrschen, sich preislich an die untere Grenze zu legen. Auch läßt sich das Geflecht der gegenseitigen Produktabhängigkeiten für einen Nichtfachmann oft nicht so genau durchschauen, wie es erforderlich wäre, um selbst beurteilen zu können, ob wirklich soviel Spinn-off-Effekte auftreten werden, wie oft veranschlagt. Bei genauer Durchrechnung zeigt sich dann aber vielmehr oft, daß die angeblich so profitable Auftragsentwicklung nur im Durchschnitt der Rendite des betreffenden Produktbereiches liegt (so daß die eigentliche Frage für ein produzierendes Unternehmen lautet: Will man ein „Engineering-Haus" sein oder nicht?), oder daß der Versuch, im öffentlichen Auftragswesen den Jahrespreiswettbewerb zu gewinnen, damit bezahlt werden muß, daß auf Jahre hinaus das Preisniveau verdorben ist, so daß auch noch Folgeentwicklungen einer bestimmten Gerätegeneration darunter zu leiden haben werden.

4.4 Der F&E-Bereich als Profit Center

Es gibt zwei Möglichkeiten für den Bereich F&E, sich unternehmerisch zu betätigen. Die eine ist, Entwicklungsleistung so wie sie zunächst intern gebraucht wird, zusätzlich auch extern zu vermarkten, die zweite, durch die Vergabe von Lizenzen aus Entwicklungsarbeiten zu zusätzlichen Einnahmen zu gelangen. Beide Möglichkeiten unterscheiden sich nur graduell, im ersten Fall wird es vermutlich zu einer Einmalzahlung kommen, im letzteren zu laufenden Einnahmen.

Die erste Möglichkeit wird oft aus der Not geboren, wenn nämlich ein Kostenstellenleiter für ein Vorhaben keine Mittel mehr bewilligt bekommt und er sie sich durch Verkauf eines seiner Produkte auf dem Markt holen muß. Er verkauft z. B. einem Interessenten, der an einem von ihm entwickelten Software-Programme interessiert ist, dieses Programm und hat plötzlich auf seiner „Kosten"-Stelle einen Ertrag verbucht. Bei ordnungsmäßiger Rechnungslegung würde dieser Posten zwar in der Ergebnisrechnung als außerordentliches Ergebnis zu verbuchen gewesen sein, aber der Kostenstellenleiter wird vermutlich mit Recht behaupten können, daß die Verbindung nur durch ihn und seine Mitarbeiter zustande gekommen ist, so daß er das Ergebnis seiner Bemühungen auch bei sich sehen, sprich einige von ihm geplante Ausgaben davon bestreiten möchte. Selbst, wenn es im Abrechnungssystem Schwierigkeiten geben sollte, aus dem F&E-Bereich heraus eine Rechnung zu stellen, werden doch alle Wege versucht, sich diese Kostenentlastung hereinzuholen. Oft ist es aber auch der sichtbare Ausdruck besonderer Effizienz, so daß dem Kostenstellenleiter auch nicht gerade zugemutet werden kann, diesen Ertrag anonym dem außerordentlichen Firmenergebnis zugutekommen zu lassen.

Mit Lizenzvergabe am Markt zusätzliche Erlöse zu erzielen, wird oft daran scheitern, daß das geschaffene Know-How gerade nicht weitergegeben werden soll, weil vermutet werden kann, daß durch eigene Verwendung der Ergebnisbeitrag langfristig höher ausfällt als durch Lizenzvergabe mit entsprechenden Lizenzeinnahmen.

Trotzdem können vorhandene Patente eine Quelle zusätzlichen Ertrages sein, dann nämlich, wenn eine Verwendungsmöglichkeit im eigenen Haus mit Sicherheit nicht gegeben ist. In diesem Fall bedarf es oft nur eines Anstoßes von Lizenzverhandlungen, die es durchaus mit sich bringen können, das Know-How nicht ungenutzt veralten lassen zu müssen, sondern ergebnisverbessernd zu vermarkten.

Eine Darstellung, in der Entwicklungseffizienz ebenfalls sichtbar wird, ist die Patentbilanz. In der Patentbilanz (richtiger: Lizenzbilanz) werden Lizenzeinnahmen und Lizenzausgaben einer Unternehmung einander gegenüber gestellt. Ist der Saldo passiv – muß also für Lizenzen mehr an andere gezahlt werden als von anderen eingenommen wird –, ist das ein Zeichen für Know-How-Defizit bzw. umgekehrt. Wenn davon die Rede war, daß Entwicklungsleistungen und deren schnelle Umsetzung in verkaufsfähige Produkte signifikant die Ertragskaft eines Unternehmens zu steigern vermögen und damit zur Unternehmenssicherung beitragen, so muß es das Ziel sein, den Saldo so aktiv wie nur möglich zu gestalten – vorausgesetzt natürlich, es wird überhaupt in nennenswertem Umfang Entwicklungsarbeit geleistet, bzw. in Konsortien o. dgl. mit anderen Partnern zusammengearbeitet.

Ein geeigneteres Effizienzkriterium läßt sich nicht finden, urteilt doch hier der Markt direkt und unmittelbar über die Wertigkeit von Forschungs- und Entwicklungsanstrengungen. Dabei wird hier wieder „Effizienz" nicht verstanden als der Prozess der Entwicklungsarbeit, sondern als sein Resultat. Für beides läßt sich „Effizienz" beobachten, im ersten Fall ist das Kriterium mehr die „Durchlaufzeit" der Entwicklungsarbeit, im letzteren die Entwicklungsarbeit selbst bzw. das Verhältnis output zu input.

Die so erstellte Patentbilanz sollte – wenn sie überhaupt aussagekräftig sein soll – jedes Jahr nach dem gleichen Schema aufbereitet werden. Wird sie aus den Zahlen der Buchhaltung gewonnen, so sind die Rückstellungsbewegungen mit in Betracht zu ziehen. Baut sie auf statistischen Nebenrechnungen (z.B. der Lizenzabteilung) auf, so kann es unter Umständen eine rein pagatorische Rechnung sein, das heißt, nur Zahlungsströme werden berücksichtigt. In dieser Rechnung haben Rückstellungsbewegungen selbstverständlich keinen Platz, es handelt sich im kostenrechnerischen Sinn um die Gegenüberstellung von Lizenzaufwendungen und Lizenzerlösen.

Ferner ist es vor Erstellung der Patentbilanz erforderlich, Inhalt und Abgrenzung der Aufwendungen und Erträge zu definieren. So ist zum Beispiel klarzulegen, ob Patentgebühren und die Kosten der Patentabteilung selbst mit einzurechnen sind oder nicht.

5.0 Grundfehler im F & E-Controlling

Auf den vorhergehenden Seiten wurde versucht, aus der praktischen Erfahrung heraus Vorgehensweisen zu entwickeln, wie ein Controlling im Forschungs- und Entwicklungsbereich durchgeführt werden kann. Auf den folgenden Seiten soll auf einige Grundfehler aufmerksam gemacht werden bei diesen Vorgehensweisen, Tatbeständen also, deren Nichtbeachtung zu Problemen und damit letztendlich zum Scheitern des Gedankens eines Entwicklungscontrolling führen muß. Ohne Frage steht das ganze Konzept auf des Messers Schneide, ist doch die fundamentale Unverträglichkeit von Forschung und Entwicklung einerseits und Controlling andererseits nicht von der Hand zu weisen. Wer wollte der These widersprechen, daß F & E eine geistige Leistung darstellt, die sich rechnerisch nur sehr schwer nachhalten läßt?

Als ersten und sicher auch wichtigsten Grundfehler soll das Außerachtlassen gerade dieses zuletzt genannten Gesichtspunktes erwähnt werden, zu umschreiben mit mangelnder Personalführung. Beide Seiten sind genauso aufeinander angewiesen, wie sie sich das Zusammenarbeiten auch schwer machen können. Hier ist viel Einfühlungsvermögen und auch jahrelanges Aufeinanderzugehen erforderlich, um die Arbeit effektiv zu gestalten. Wie schnell wird einerseits Entwicklungspersonal „geopfert", wenn es in der Firma einmal nicht mehr so gut geht, und wie schnell wird versucht, Controllerstellen hinters Licht zu führen, wenn es gilt, eigene Vorstellungen oder Interessen durchzusetzen („Unterseeboote").

Aber auch: wie elegant kann eine Planung durchgezogen, können Abweichungen wieder ins Lot gebracht, können gemeinsame Strategien entwickelt werden, um den Jahresabschluß zur Zufriedenheit aller Beteiligten durchzubringen, wenn gemeinsam und mit gegenseitigem Vertrauen gearbeitet wird.

„Ewige Entwicklungsprojekte" ist das nächste hier zu erwähnende Thema. Natürlich muß es eine Kundenbetreuung auch auf seiten der Entwicklung geben, dennoch ist nicht einzusehen, warum eine ehemalige und längst abgeschlossene Entwicklung immer noch Entwicklungsaufwand verschlingt. Ein Durchforsten solcher „Langläufer" ist angebracht, auch zu erreichen über ein „Zero-Base-Budgeting" (d. h. das grundsätzliche Infragestellen jedes Projektes) oder den Zwang zur „Neueröffnung" jedes Entwicklungsauftrages nach Budgetgenehmigung zum Jahresbeginn mit Begründungszwang. Genauso notwendig ist natürlich eine laufende Verfolgung bestehender Projekte daraufhin, ob die damit verfolgten Ziele noch akut sind, so daß bewußt „Go-Entscheidungen" zum Weitermachen getroffen werden. Hier muß gegebenenfalls auch der Mut zu Abbruchentscheidungen, zu No-go-Decisions, aufgebracht werden, wenn das Erreichen der Ziele in Frage steht, am sinnvollsten hervorgerufen durch einen entsprechenden Entscheidungsschritt beim Passieren jedes einzelnen zeitlich und leistungsmäßig definierten Milestones.

Das Verhältnis zum Betriebsrat ist zu pflegen, Gespräche im positiven Sinne zu führen, Unterlagen soweit irgend möglich bzw. vom Gesetz verlangt zur Verfügung zu stellen, so daß eine Beteiligung desselben auch aufkommen bzw. verlangt werden kann. Viele Diskussionen um Überstunden, Aus- und Weiterbildung, Personalplanung, EDV-Ausstattung der Arbeitsplätze usw. würden dann im Sinne des Miteinander und vor allem auch zum Nutzen des Unternehmens geführt werden können. Personal ist ein Aktivum, es steht zwar nicht in der Bilanz, ist aber trotzdem das wertvollste Gut, welches ein Unternehmen besitzt. Wenn sich jemand seiner Sorgen annehmen will, dann sollte dem stattgegeben werden, und zwar so, daß das Unternehmen in der jeweiligen Überlebenssituation etwas damit anfangen kann.

Eine frühzeitige und durchdachte Konzeption der EDV-Durchdringung in den Gebieten Software und Hardware kann nicht genug betont werden. Man wird an der EDV-Durchdringung nicht vorbeikommen, riskiert bei zögerlichem Verhalten auf diesem Gebiet nur Wildwuchs und teures Equipment, damit Fehlinvestitionen. Entwickler sind erfinderisch, auch auf Verwaltungsgebiet, und wenn die „Verwaltungsseite" nicht Geeignetes bietet, wird man sich wundern, in welch kurzer Zeit wieviel Lösungen und Programme zu ein- und derselben Frage nebeneinander bestehen, wieviel nicht kompatible Rechner oder Leiterplattenentwurfsysteme bald das Anlagevermögen hochtreiben.

Erstaunlich ist auch immer wieder, wie wenig „Management-Attention" dem Beginn einer Entwicklungsarbeit gewidmet wird, ist es doch andererseits offensichtlich, daß heutzutage die Forschungs- und Entwicklungsleistung zum Firmengelingen beiträgt wie nie zuvor. Was wäre also folgerichtiger, als auch bei den anfänglichen Entscheidungen zu neuen Forschungs- und Entwicklungsprojekten das Management einzubeziehen, um die anstehenden Fragen mit genügend Zeit diskutieren zu können? Aber oft ist das Gegenteil der Fall, und selbst in Anweisungen niedergelegte formale Entscheidungsschritte von „Review Boards", die frühzeitig im Produktentstehungsprozeß tätig werden sollen, werden nicht eingehalten. Stattdessen werden ausgiebig Gespräche geführt, wenn später Probleme auftauchen und behoben werden müssen. Dann wird an keinem „Manntag" der obersten Managementebene gespart, um nach Lösungen zu suchen, die dann doch oft mehr die Folgen mildern als das Problem bei der Wurzel packen können. Verwaltungsaktionen wie Umbuchungen, Andersdarstellungen und dergleichen sind die Regel, und aus der Erfahrung wird noch nicht einmal gelernt. Die nächsten Probleme derselben Art sind bereits vorprogrammiert und werden genauso angegangen und damit so lange voreinander hergeschoben, bis sie offenkundig werden, um dann wieder zu spät und nur palliativ behandelt zu werden.

Schließlich ist mit Umsicht und Weitblick vorzugehen, wenn es darum geht, eine Eigenentwicklung überhaupt zu beginnen oder statt dessen eher nach externen Partnern zu suchen, die solches besser können (Konsortien, Kooperationen, Joint Ventures) oder vielleicht schon haben (Lizenzen). Entwickler sind wenig geneigt, etwas nicht selbst zu entwickeln, sondern wegen kommerzieller Vorteile nach draußen zu gehen. Wegen der oft untragbar hohen Entwicklungskosten sollte diese Strategie nicht nur zögerlich, sondern vielmehr aktiv verfolgt werden.

6.0 Literaturverzeichnis

Adler-Düring-Schmaltz, Rechnungslegung und Prüfung der Unternehmen. Kommentar zum HGB, AktG, GmbHG, PublG nach den Vorschriften des Bilanzrichtlieniengesetzes, C. E. Poeschel Verlag, Stuttgart, 5. Auflage, 1987

Albach, Horst, Zur Entwicklung der Verschuldung deutscher Industrieaktiengesellschaften, in: Zeitschrift für Betriebswirtschaft, 48. Jg.; Heft 11, 1978, S. 1007–1010.

Allen, Th. J., Managing the Flow of Technology, Cambridge, Mass., MIT-Press, 1977.

Allen, Th. J., Organizational Structure, Information Technology and R&D-Productivity, Paper presented at the Conference of the European Industrial Research Managers' Association, The Hague, Netherlands, June 5, 1985.

Bescherner, Dieter, Betriebswirtschaftslehre für Ingenieure, Die Betriebswirtschaft (48), 1988.

Betriebswirtschaftlicher Ausschuß des ZVEI (Herausgeber), Forschungs- und Entwicklungsvorhaben. Auswahl, Planung, Abwicklung und Kontrolle aus betriebswirtschaftlicher Sicht, Verlag Sachon, Mindelheim 1982.

Betriebswirtschaftlicher Ausschuß des ZVEI (Herausgeber), Kalkulation von DV-Software und Projektierungsleistungen, Frankfurt 1985.

Betriebswirtschaftlicher Ausschuß des ZVEI (Herausgeber), Leitfaden für die Beurteilung von Investitionen, Frankfurt 1971.

Bierfelder, Wilhelm H., Innovationsmanagement, R. Oldenbourg Verlag, München/Wien 1987.

Brockhoff, Klaus, Technologischer Wettbewerb – seine Erfassung, Steuerung und die Umsetzung in Markterfolge, Kiel, im Juli 1987.

Brockhoff, Klaus, Bewertung und Kontrolle von Forschung und Entwicklung; in: RKW-Handbuch Forschung, Entwicklung, Konstruktion (F&E), Erich Schmidt-Verlag, Berlin 1976, Kap. 4700.

Brockhoff, Klaus, Controlling in Forschung und Entwicklung der Unternehmen, in: Schmalenbachs Zeitschrift für Betriebswirtschaftliche Forschung, Heft 8/9 August/September 1984, S.608 ff.

Bürgel H. D., Aktuelle Erfahrungen im F&E-Controlling am Beispiel der Standard Elektrik Lorenz AG (SEL), in: Betriebswirtschaftliche Forschung und Praxis, Heft 2, 1987, S.192 ff.

Bürgel, H. D., Forschungs- und Entwicklungsmanagement aus der Sicht des Controllers, in: Forschungs- und Entwicklungsmanagement, herausgegeben von *Hans Blohm* und *Günter Danert,* C. E. Poeschel Verlag, Stuttgart 1983, S. 93 ff.

Bürgel, H. D. und *Bruse, H.,* Planung, Steuerung und Kontrolle von Forschungs- und Entwicklungskosten bei der Standard Elektrik Lorenz AG, in: Rechnungswesen und EDV, herausgegeben von *W. Kilger* und *A. W. Scheer,* Physica-Verlag, Würzburg/Main S. 519 ff.

Coenenberg, Adolf Gerhard, und *Raffel, Andreas,* Integrierte Kosten- und Leistungsanalyse für das Controlling von Forschungs- und Enwicklungsprojekten, in: Kostenrechnungspraxis, Betriebswirtschaftlicher Verlag Dr. Th. Gabler GmbH, Wiesbaden, Heft 5, 1988, S. 199 ff.

Danert, Günter, Unternehmensführung und Organisation. Erfahrungen und Beispiele aus der Praxis. C. E. Poeschel Verlag, Stuttgart 1987.

Dierckes, Meinolf, Die Sozialbilanz. Ein gesellschaftsbezogenes Informations- und Rechnungssystem. Herder und Herder, Frankfurt 1974.

Gesellschaft für Finanzwirtschaft in der Unternehmensführung e. V. (GEFIU), Ausgewählte Probleme bei der Anwendung des Bilanzrichtlinengesetzes, Band 2, Fachverlag für Wirtschaft und Steuern, Schaeffer GmbH & Co., Stuttgart 1987.

Hahn, Carl C., Technik ist nicht alles!, in: IBM-Nachrichten, 37. Jg., Heft Nr. 290, 1987, S. 9.

Horváth, Peter, Controlling, in: Handwörterbuch des Rechnungswesens, 2. Auflage, Stuttgart 1981, Sp. 364–374.

International Accounting Standard No. 9 „Accounting for Research and Development Activities", herausgegeben vom *International Accounting Standards Commitee,* London, § 23.

6.0 Literaturverzeichnis

Kuhn, Klaus, Führungsstrukturen von Großunternehmen, in: Zeitschrift für Betriebswirtschaft, 57. Jg., 1987, Heft 516, S. 457 ff.

Madaus, Bernd-J., Projektmanagement, C. E. Poeschel Verlag, Stuttgart 1984.

Möhrle, Martin G., Das FuE-Programm-Portfolio; ein Instrument für das Management betrieblicher Forschung und Entwicklung, in: Technologie und Management 4/88, S. 12 ff.

Pankow/Reichmann, Immaterielle Vermögensgegenstände, in: Beck'scher Bilanzkommentar, Der Jahresabschluß nach Handels- und Steuerrecht, 1986.

Poensgen, Otto H., Hort, Helmut, F&E Aufwand, Firmensituation und Firmenerfolg, in: Schmalenbachs Zeitschrift für Betriebswirtschaftliche Forschung, Heft 2, Februar 1983, S. 91.

Popper, Carl R., The Logic of Scientific Discovery. Hutchinson of London, 1959.

Solaro, Dietrich, u. a. Projekt-Controlling, Planungs-, Steuerungs- und Kontrollverfahren für Anlagen- und Systemprojekte, C. E. Poeschel Verlag, Stuttgart 1979.

Solaro, Dietrich, Unternehmenssteuerung durch Planung und Kontrolle in der Standard Elektrik Lorenz AG (SEL), unveröffentlichtes Manuskript.

Sommerlatte, Tom, Innovationsfähigkeit und betriebswirtschaftliche Steuerung – läßt sich das vereinbaren? in: Die Betriebswirtschaft, 48, (1988) 2, S. 161–169.

Stifterverband für die Deutsche Wissenschaft, Forschung und Entwicklung in der Wirtschaft 1985. Arbeitsschrift A, 1988.

Voss, Jörg Peter, Die Ertragsteuerliche Behandlung von Software; Institut Finanzen und Steuern Nr. 264, Bonn, März 1987.

Zeidler, Gerhard, Moderne Unternehmensführung, Vortragsreihe der Standard Elektrik Lorenz AG, 1987, S. 19.

Zeidler, Gerhard, Neue Dimensionen von Forschung und Entwicklung durch akzelerierende Technologieschübe, in: Forschungs- und Entwicklungsmanagement, herausgegeben von *Hans Blohm* und *Günter Danert,* C. E. Poeschel Verlag, Stuttgart 1983.

7.0 Anhang

Anhang 1

K		**Kleinbestellung**	
vom:			
Bestellnummer			
/	/	/	
über KST	B-KST	an KST	Anliefer-STEK Bau/Stock/Raum

Zahlungsbedingungen:

- Auftragsbestätigung ist bei sofortiger Lieferung ab Lager nicht nachzureichen
- Geben Sie in allen Briefen, Lieferscheinen und Rechnungen unsere **Bestell-, Pos.- und Sachnummer** an.
- Senden Sie die Rechnung in 2-facher Ausfertigung an obenstehende Adresse – Abteilung Rechnungsprüfung.

Preisstellung:

Einkäufer: Tel.:-

Terminbearbeiter: Tel.:-

Wir bestellen zu obenstehenden und umseitigen Bedingungen, die allein für Lieferung und Zahlung maßgebend sind:

BA	Pos.	Sachnummer und Benennung	Menge	ME	Preis ohne USt.	PE	Liefertermin
					gemäß Vereinbarung		
					niedrigste Berechnung		
							oder früher

7.0 Anhang

Anhang 2

Bedarfsmeldung für Kostenstelle und Innenauftrag	Vorgeschlagene Lieferanten		EK-Eingangs-Datum	Bestell-Datum
			EK-Bearbeiter	Nebenstelle

Bestellnummer (KE/EKS/Zähl-Nr.)	Auftrag/Kontierung	EG →	über KST	Empfänger (STEK) – Bau/Stock/Raum

BA	Menge	ME	Sachnummer und Benennung	Preis je Einheit	PE	EK

(Fett umrandete Teile sind vom Aussteller auszufüllen)

Verwendungszweck	Gesamtwert	Gewünschte Termine

zu belastende KE/KST	anfordernde Stelle	Ausstellungsdatum	Name des Ausstellers	Nebenstelle

Kostenstellenleiter	Genehmigung 1	Fachliche Prüfung	Kontrollstelle(n)	Genehmigung 2	EK	**1**

Laufweg gemäß Anweisungen der betreffenden Einheit.

Anhang 3

Teilnahmeantrag

Laufweg

Von:					Über:

Zur Koordinierung an:

Zur Genehmigung an:		1.				2.

					3.				4.

Anmeldeschluß beim Veranstalter:

Externe Veranstaltung

Titel:

Veranstalter:

Ort:

Vom .... Bis............. Teilnahmedauer........... Tage

Reisekosten:

Tages- und Übernachtungsspesen:

Veranstaltungsgebühren:

Vorgeschlagene Teilnehmer:
(Name und Abteilung)

Begründung für die Teilnahme an der Veranstaltung:

7.0 Anhang

Anhang 4

Personalanforderung 10759 *

| STEK | KE/KST | Arbeitsplatz-Nr. |

Vom Antragsteller auszufüllen

- [ ] Gehaltsempf.
- [ ] Zeitlohn
- [ ] Akkordlohn
- [ ] Prämienlohn

Genaue Tätigkeitsbezeichnung

Gewünschtes Eintrittsdatum:

Befristetes Arbeitsverhältnis bis:

Beschreibung der Tätigkeit

Erforderliche Ausbildung, Kenntnisse, Erfahrung, Fähigkeiten

Arbeitszeit (Angabe nur wenn abweichend von der Normalarbeitszeit)
von: _____ bis: _____

- Schichtarbeit: [ ] ja [ ] nein
- Gleitzeit: [ ] ja [ ] nein
- Teilzeit: [ ] ja [ ] nein

Wochenstunden bei Teilzeit: _____

- Bildschirmarbeitsplatz [ ] ja [ ] nein
- Verpflichtung auf das Datengeheimnis nach § 5 BDSG notwendig [ ] ja [ ] nein
- Regelmäßige Vorsorgeuntersuchung gemäß GefahrstoffVO notwendig [ ] ja [ ] nein
- Persönliche Schutzausrüstung notwendig [ ] ja [ ] nein

[ ] Zusätzlicher Bedarf [ ] Ersatz für: _____
wegen Austritt am: _____ / Versetzung am: _____ nach: _____

Begründung:

Datum und Unterschriften: _____ _____
Vorgesetzte(r)   nächsthöhere(r) Vorgesetzte(r)

Von PE auszufüllen

KE/Kostenstelle: _____   Anz. MA _____ / dav. Teilz. _____

Maßnahmen:

Ist-Stand vom: _____ / _____
+ bekannte Zugänge und noch offene (laufende) Anforderungen + _____ / _____
./. bekannte Abgänge (Austritte bzw. Versetzungen) ./. _____ / _____
= fiktiver Stand (ohne diese Anforderung) = _____ / _____
neueste genehmigte **Planzahl**
(= Budget 19___ bzw. _____) _____ / _____

- Int. Stellenverm. Standort: [ ]   SEL-weit [ ]
- Insertion: [ ]   Arbeitsamt [ ]
- Sonstiges: _____

Besetzung durch: _____
am: _____ LGr/AW _____

Datum und Unterschriften: _____ _____
Personalwirtsch./Personalpl.   Personalleiter

Information an BR am: _____

Genehmigung (Datum und Unterschriften)
- [ ] nur interne Besetzung
- [ ] interne/externe Besetzung
- [ ] nur befristete Einstellung bis _____
- [ ] Leasing
- [ ] zurückstellen

UB-/ZB-Personalleiter   UB-/ZB-Leiter

Anhang 5 (1)

Antrag auf Genehmigung der Inanspruchnahme externer Beratungsleistungen

| **Zugehörige Bedarfsmeldung unbedingt beifügen!** | Bestellnummer: DLB _____ | vom: _____ |

1 Auftragsbegründung (detailliert): _____

_____

_____

_____

_____ (Forts. ggf. auf Rückseite)

2.1 Kosten (voraussichtliche Vergütung; Gesamtvolumen *o h n e* MWSt): _____ DM

2.2 budgetiert im laufenden Budget mit: _____ DM

3 Bestellnummer des Auftrages, zu dem dieser Antrag eine Ergänzung oder Erweiterung darstellt   Bestell-Nr.: _____

4 Volumen des früheren Auftrages *plus* Kosten   _____ DM

5 Ist der Auftragnehmer ehem. Mitarbeiter der ☐ ja   ☐ nein

6 Antragsteller: Ich bestätige, daß die beantragte Beratungsleistung notwendig und wirtschaftlich sinnvoll ist. Ich habe mich davon überzeugt, daß kein Grund zu der Annahme besteht, daß im Zusammenhang mit dieser Beratungsleistung   — Grundsätze im Geschäftsverkehr   verletzt werden

Name in BLOCKSCHRIFT	STEK	Nebenst.	Datum	Unterschrift

7 Prüfung durch andere Abteilungen *einschließlich Controlling*   Zustimmung ☒ ankreuzen
STEK   Datum/Unterschrift   Name in BLOCKSCHRIFT   * : Begründung als Anlage

				ja	nein *	Vorbehalte *
7.1	___	___	___	☐	☐	☐
7.2	___	___	___	☐	☐	☐
7.3	___	___	___	☐	☐	☐
7.4	___	___	___	☐	☐	☐

8 Genehmigung   vom Antragsteller anzukreuzen
STEK   Datum   Unterschrift

☐ Vorstandsmitglied   _____   _____   _____

☐ vom Vorstand beauftragter OLB   _____   _____   _____

☐ Vorstandsvorsitzender   GD _____   _____   _____

7 Bürgel, Controlling von F&E

7.0 Anhang

Anhang 5 (2)

Zahlungen für in Anspruch genommene externe Beratungsleistungen

Bitte sofort weiterleiten, um Verzugsschäden zu vermeiden!

Unbedingt beizulegende Anlagen:

1. Zu untenstehender Bestellnummer gehörende Bedarfsmeldung *und* "Antrag auf Genehmigung der Inanspruchnahme externer Beratungsleistungen".
2. Rechnung des Auftragnehmers.

1 Zahlungsfreigabe durch ein Vorstandsmitglied gemäß Tz. 5.2 der Anweisung erforderlich, da Rechnungsbetrag

☐ über 100.000 DM liegt

☐ nicht mit einem *genehmigten* Beratungsauftrag im Zusammenhang steht

2 Zahlungsfreigabe durch Vorstandsvorsitzenden *und* zuständiges Vorstandsmitglied gemäß Tz. 5.4 der Anweisung erforderlich, da

☐ Zahlung in ein Land, in dem weder der Sitz des Auftragnehmers noch der Erfüllungsort der Leistung liegt

2 Bestellnummer   DLB _____

3 Genehmigtes Gesamtvolumen (incl. Spesen und andere Auslagen) _____ DM

4 Bisher abgerechnet und ausgezahlt (ohne MWSt) _____ DM

5 Gemäß beiliegender Rechnung freizugeben (ohne MWSt) _____ DM

6 Voraussichtl. Überschreitung des genehmigten Gesamtvolumens bei Auftragsende _____ DM

7 Bestätigung durch Antragsteller, daß Zahlungsvoraussetzungen vorliegen   Name   STEK   Datum   Unterschrift

8 Zahlungsfreigabe durch (s. oben 1 und 2)   STEK   Datum   Unterschrift
(vom Antragsteller anzukreuzen)

☐ Vorstandsmitglied

☐ vom Vorstand beauftragten OLB

☐ Vorstandsvorsitzenden   GD _____

9 Zahlungsanweisung durch   STEK   Datum   Unterschrift

Controller

7.0 Anhang

Anhang 6

☐ **Antrag auf Verkauf bzw. Verschrottung von Anlage-Gegenständen** ☐ **Bestätigung von Abgängen aus dem Sachanlagevermögen durch Totalschäden, Diebstahl etc.**

Vordruck darf nur für eine Vorgangsart verwendet werden!

Pos.	Anzahl	Gegenstand	Standort/Bau/Stock/Raum	Inventar-Nr.	Ansch. Jahr	Karteiwert der ABH Anschaffungswert	Buchwert	Verkauf oder Verschrottg.	Verkaufspreis	Käufer	Verkaufs-Ergebnis Gewinn DM	Verlust
1	2	3		4	5	6	7	8	9	10	11	12

Grund des Verkaufs bzw. der Verschrottung

Datum, STEK, Nebenstelle | 1. Antragsteller/KST-Leiter Name in BLOCKSCHRIFT | 2. ABH | 3. Werkverwaltung/Controller | 4. Controller (über 5.000,–) | 5.

Unterschrift/Einverständnis

STEK | STEK

Verteiler bei Verschrottung: ABH (Original), Durchführende Stelle, Antragsteller

Verteiler bei Verkauf: ABH (Original), Antragsteller

Ausgebucht mit
BB /
am

Die Gegenstände wurden körperlich verschrottet
am _____
_____ (Unterschrift)

Anhang 7

Investitionsbestellfreigabe

Antragsteller (STEK)	Nebenstelle	Datum
Name		Unterschrift

UGR	KE/KST	Konto	KTR

Investitionsklasse des Projekts

	I Neue Produkte		V	Umstrukturierung
	II Ausweitung seitheriger Erzeugnisse		VI a	Ersatz
	III Produktverbesserung		VI b	Allgemeine Verbesserung
	IV Kostensenkung		VII a	Umweltschutz
			VII b	Sicherheitsmaßnahmen

ST	zu bestellender Gegenstand und SNR	TDM

Lieferant		Gesamt-
Zugang		wert:

Im Budget enthalten in:

Projekt-Nr. Werk	Position	TDM	EGK	%	TDM

EGK - Aufteilung

Finanzielle Abdeckung nicht geplanter Projekte bzw. Pos.

Begründung (ggf. Anlage)

Investitions-
kontroll-Nr.

AA5 – Nr. bzw. interne Nr.

Projekt-Nr.		Planphase/Jahr	
Werk			OP
SEL			SP
			LFC

KE – Total
Plansumme
Verbrauch lfd. Jahr
Noch verfügbar

Projekt
Plansumme
Verbrauch lfd. Jahr
Noch verfügbar
Memo: Verbr. Vorjahre

PAR – Abdeckung
Genehmigte PAR - Summe
Verbrauch lfd. Jahr
Verbrauch Vorjahre
Noch verfügbar

PAR – Abdeckung für beantragte
Positionen vorhanden

☐ ja   ☐ nicht erforderlich

PAR genehmigt am

durch

IK-Stelle	Nebenstelle

Datum	Unterschrift

ASI (STEK, Datum, Unterschrift)

Änderung ☐ ja ☐ nein

Genehmigung beantragender Bereich

STEK	Datum	Unterschrift

Genehmigung Zentralstellen

STEK	Datum	Unterschrift

Genehmigung I	Genehmigung II

Anhang 8

IBL-Auftrag für innerbetriebliche Leistung an STEK (KE/KST):							
Handwerker / Fremdfirma (Namen)	Rahmenauftrag Nr.	gehört zu Auftrag		Projekt	Nummer	U-Projekt	Auftragsnummer

Anzahl / Benennung / Auszuführende Arbeiten	Sachnummer			Termin	
	Arbeitsgang	KST	Zeit	Rückruf gewünscht? ja / nein	
				geschätzter Aufwand DM Std.	
				entstandener Aufwand DM Std.	
				erledigt, bestätigt, Datum	

					Genehmigung 1	Genehmigung 2
Aussteller / Auftraggeber (IN BLOCKSCHRIFT)	KE/KST	STEK	Bau/Stock/Raum	KST-Leiter		BBH
Datum Nebenstelle						

In Blockschrift ausfüllen   Laufweg: An ausführende Stelle, nach Ausführung an BBH

Dieses Feld wird von WDS beschriftet

1

Anhang 9

Reiseantrag und **Reisekostenabrechnung Inland**

Nur graue Felder ausfüllen

Vom Reisenden nicht auszufüllen!

Datum	Belegnummer	Tag	Monat	Jahr	BUMO

KE / KST	PENR	Vor- und Zuname des Reisenden	Querverb. / Nebenst.	STEK

Reiseziel	PLZ	Ort	Reisebeginn am	Reisedauer in Tagen

Begründung, Zweck

Reisen mehrere Mitarbeiter zum selben Zweck in dieser Zeit zum Zielort?	Ja	Nein	Reise zum Zweck der eigenen Aus- und Fortbildung?	Ja	Nein

Abfahrt (Hinreise) Datum	Uhrzeit von	bis	Rückkehr (Rückreise) Datum	Uhrzeit von	bis	Reiseweg, besuchte Stellen

Inland			Beantragter Betrag DM	Pf.	Abgerechneter Betrag DM	Pf.	Betrag DM	Pf.
Verkehrsmittel lt. Beleg* über 50 km und außerhalb einer Gemeinde	Eisenbahn (GKA)	Flugzeug						
Übernachtung lt. Beleg* — Hotel lt. Hotel-Vorschlagsliste	Ja	Nein						
Sonstige Kosten, Belege* mit 14 % Mehrwertsteuer								
Bei Überweisung angeben: BLZ, Konto-Nr. und Bank. Bemerkungen:	Verpflegungspauschalsatz mehr als 5 bis einschl. 7 Stunden (Antrag / Abrechnung)	x DM						
	7 bis einschl. 10 Stunden	x DM						
	10 bis einschl. 12 Stunden	x DM						
	über 12 Stunden	x DM						
	Übernachtungspauschalsatz	x DM						
Verkehrsmittel lt. Beleg* bis 50 km oder innerhalb einer Gemeinde	Eisenbahn, Bus, Straßenbahn	Taxi						
Sonstige Kosten, Belege* mit 7 % Mehrwertsteuer								
Bei genehmigter Benutzung des privateigenen Pkw	beantragte km / gefahrene km	x km-Satz						
Erstattung Bahnfahrtkosten (GKA) bei Benutzung des privateigenen Pkw								
Berlin-Flüge abzüglich Zuschuß der Bundesregierung*								
Sonstige Kosten, Belege* ohne Mehrwertsteuerausweis								
Gesamtkosten								
Bargeldlos beschaffte Flugkarten und Fahrausweise		./.						
Vorschuß (in Worten) auf volle 10,– abgerundet		DM						
					Auszahlung		Rückzahlung	

Zu belastende KE / KST	Konto	Auftrags-Nr.	Betrag DM	Pf.

3) Bei Benützung des privateigenen Pkw/Mietwagen - Versicherung gem. der Reiseordnung.
Datum
Unterschrift / **Reisender**

5) Zahlungsanweisung - Vorschuß
Datum
Unterschrift

Reiseantrag

1) Reiseantrag
Datum
Unterschrift / **Reisender**

2) Hiermit bestätige ich, daß ich mich persönlich von der Notwendigkeit der Reise überzeugt habe. (Zahlungsfreig. Vorschuß)
Datum Nebenstelle
Name **
Unterschrift / **Vorgesetzter**

4) Die Benützung des privateigenen Pkw/Mietwagen wird gestattet.
Datum
Name **
Unterschrift / **Vorgesetzter**

6) Vorschuß erhalten DM
Datum
Unterschrift / **Reisender**

Verteiler:
Bl. 1, altgold, Vorschuß Kasse
Bl. 2, grün, Reisedienst
Bl. 3, weiß, Abrechnung Kasse
Bl. 4, gelb, Kostenaufteilung
Bl. 5, rosa, Aussteller

*** Belege auf separatem Blatt aufkleben**

**** Name in Druck- bzw. BLOCKSCHRIFT wiederholen**

7.0 Anhang

Anhang 10

	zu bel.						
KE	KST	Konto-Nr.	Vorgang		Auftrag	USL	Betrag

Zahlungsanweisung / Kassenausgangsbeleg
Mit Schreibmaschine oder in Druckschrift ausfüllen!

Aussteller | Belegnummer | Tag | Datum Mon. | Jahr | Buch. Mon.

MwSt.-Schl.
f. Vorsteuer

02 = 14 %
08 = 11,4 %
04 = 7 %
13 = 7,6 %
00 = 0 %

Betrag in Worten

am

An:

Vermerke bei der Zahlung

Konto des Empfängers

Aussteller		Aussteller	Zur Zahlung freigegeben	Zur Zahlung angewiesen	Betrag erhalten
Datum:	Unterschriften				
STEK:					
Nebenst.:					

7.0 Anhang

Anhang 11

Anhang 12

```
TC.:                    EW-LEISTUNGSPLANUNG
MASKEN-NR.:             VERGLEICH PLAN-KOSTEN / ACTUAL KOSTEN
PRNR                    AUFTRAG

                   PLAN      ACTUAL                                    PLAN      ACTUAL
KZ  BEZEICHNUNG
                              PER      KZ BEZEICHNUNG                            PER
 10 EW-GEHALT                           61/2 MODELLWERKSTATT
 20 EW-LOHN                             63/4 SONST.FERT.BER.
100 SUM GEHALT+LOHN                       68 POJECT. +SW-BER
                                          69 LEI.A.BER.EIG.UG
200 MATERIAL                              79 LEIST.AND.UGR
                                         303 SUM LEIS.A.SEL.B

301 REISEN

 58 EDV Fremdfirmen                       57 EW VON FREMDFIR.
 66 EDV EIGENE UGR                       304 SUMME FREMDLEIS.
 67 RE.GEST.ZEICH.M.
302 SUMME EDV-LEIST.                      59 SONST. SONDERKO.
                                          73 SONST.EW.-LEIST.
                                         305 SUM.SONST. SOKO
                                         *** SUMME KOSTEN

PLST         STA-ANR        SEL-ANR  7      99            AUSGABE
         AUSWAHLMENÜ
```

7.0 Anhang

Anhang 13

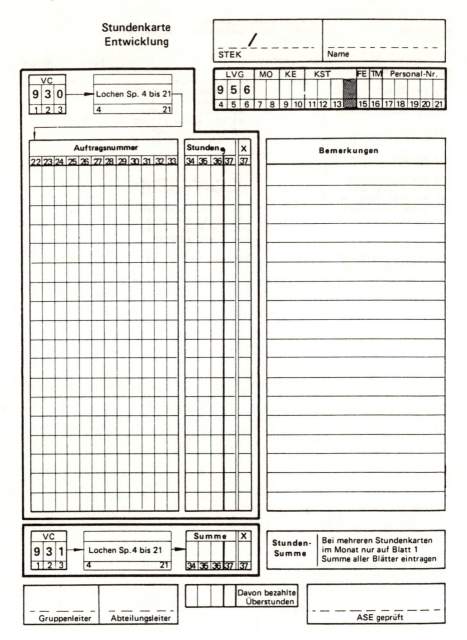

7.0 Anhang

Anhang 14 (1)

```
LEISTUNGSPLANUNG       S U B C A S E              TEIL:         VERSION :         DATUM:              SEITE    1
                                                                                  UHRZ.:
PROJEKT-NR.:                                      PLANSTUFE:    PLANJAHR:
AUSGABE:                                          STEK:         PROJEKT-LEITER:

                              100         200       301        302        303        304        305
             ING +   GESAMT   EW-          30        51        EDV-      ANDERE     FREMD       SON-     GESAMT
             LOHN    CHAR-    STDN.     MATERIAL   REISE      LSTGN.     SEL-B.    LSTGN.      STIGES    KOSTEN
              MJ     TER        TDM        TDM      TDM        TDM        TDM       TDM         TDM       TDM
                     MJ

EGK C A S   BENENNUNG
```

Anhang 14 (2)

```
LEISTUNGSPLANUNG       S U B C A S E              TEIL:         VERSION :         DATUM:              SEITE    1
                                                                                  UHRZ.:
PROJEKT-NR.:                                      PLANSTUFE:    PLANJAHR:
AUSGABE:                                          STEK:         PROJEKT-LEITER:

                                                   +110        110                               * 120
            SUMME   SUMME *  SUMME                 +120       GENE-                              LOCAL
            FINZG.  ERGW.    N.ERGW.    ENGIN.     R&D        RAL
            RD&E    POSIT.   POSIT.      E         TDM        TDM                                 TDM
             TDM    TDM       TDM       TDM

EGK C A S   BENENNUNG
```

7.0 Anhang

Anhang 15

```
*********** T ENTWICKLUNG ************ PERSONAL ********
>Firmenvertraulich<                                              *****Seite 1*******
               -----EFTE---------- -Gesamt-Kopfzahl--- --Teilz.- -Gewerbl- --Sonstige- -Software-- -Konzern-Pers. -MJ-LP.
               --Stand-- -Average- --Stand-- -Average- --Stand-- --Stand-- Stand Aver. Stand Aver. Ges.     SEL  Aver.
KE/KST STEK Termin Dir Indir Dir Indir Dir Indir Dir Indir Dir Indir                                        Bez   Dir
------ ---- ------ --- ----- --- ----- --- ----- --- ----- --- -----  ----- ----- ----- ----- ----  ---  -----
```

Anhang 16

```
   ***      ENTWICKLUNG *****************   HARD / (SOFT) SPOTS **************  ******          ****************
                                            -198 - -198 -   -198 - -198 - -198 -    -198 - -198 - -198 -    -198 -
                                            JUN.FC JUN.FC   JUN.FC AUG.FC AUG.FC    AUG.FC SEP.FC SEP.FC    SEP.FC
                                            AEFTE  AEFTE    ERGW.  AEFTE  AEFTE     ERGW.  AEFTE  AEFTE     ERGW.
LFNR. MAC  BEZEICHNUNG                 KOEL FKZ DIR  SONSTIGE TDM   DIR.   SONSTIGE  TDM    DIR.   SONSTIGE  TDM
----- ---  -------------------         ---- --- ----- -------- -----  -------  --------  ------  ------  --------  -------
           RD+E CHARGED TO P+L
           ===================
           1. FINAL BUDGET '8
           -------------------
           2. APPROVED FC CHANGES
           ----------------------
           JANUARY
           FEBRUARY
           MARCH
           APRIL
           MAY
           JUNE
           JULY
           AUGUST
           SEPTEMBER
           OCTOBER
           NOVEMBER
           DECEMBER
           3. LATEST FORECAST
           ------------------
           4. HARD/(SOFT)-SPOTS




           7. BALANCE (RISKS) + OPPORT.
           ----------------------------
           8. CONTROLLER'S OUTLOOK
           -----------------------
```

Anhang 17

	Investitionsplanung und -Kontrolle					
					Planjahr 198 · /Ausgabe ·	
	Produktbereich					
	← A →		← B →		← TOTAL →	
Proj.-Nr.		SUM TDM		SUM TDM		SUM TDM
85–100						
86–100						
86–126						
88–104						
88–123						
88–191						
89–135						
89–136						
89–137						
89–499						
89–699						
89V101						
89V102						
89V103						

Anhang 18

```
PPKS                                        | * P + L - S T A T E M E N T *      | Berichtsmonat:
Proj. Nr. Testprojekt                       |   List 10 H      (in: - TDM -)     | Liste GL 515 vom:
Proj. Leiter                                |                                    | Auswahl WEZ: Alle WEL: Alle
```

WEZ	Definition	BIDDING-Estimate			Actual-To-Date		Commit-ments	Cost to complete	Estimate to compl.	Latest Forecast	VARIANCES	
		Original 11	Adjustmnts 12	Total 10	Sales/Cos 21	Inventor 22	30	70	50	90	LFC/BIDD 91	LFC/PFC 93
101	Sales											
102	Accrued Billings											
10	Sub-Total 1											
200	Estim. Cost of Sales											
201	Sub Contract/Resale											
202	Stdd. Manufg.: Serial											
203	Stdd. Manufg.: Special											
204	Eng. Exp.: Development											
205	Job and other costs											
206	Installation exp.											
20	Sub-Total 2											
A	Total (10-20)											

7.0 Anhang 111

Anhang 19

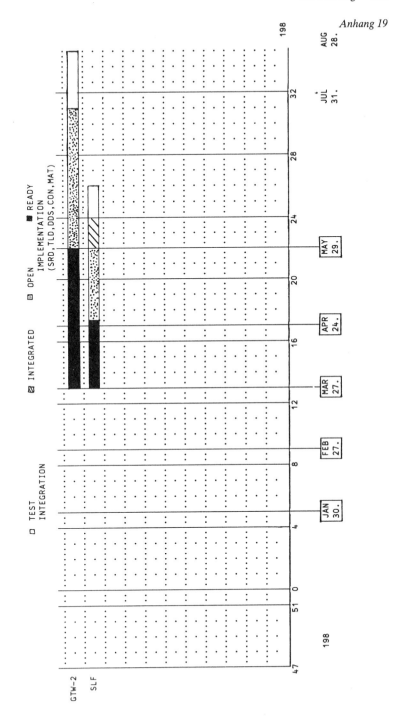

Anhang 20

REP.NR.:	R D & E P L A N U N G U N D K O N T R O L L E										BISHER NOCH KEIN FC-CHANGE		SEITE	DATUM	
WAEHRUNGSEINHEIT: TDM	SUMME PROJEKT										PLAN: FB EFF.: AA			ZEIT	
	JAN	FEB	MAR	APR	MAI	JUN	JUL	AUG	SEP	OKT	NOV	DEZ	FB	VE
ENG.ASS.FERT.UNTERLAG. PLAN EFF. F230 DELTA														
ENG.ASS.FERT.HILFE PLAN EFF. F250 DELTA														
ENG.ASS.FTG.AUFTRAG PLAN EFF. F261 DELTA														
ENG.ASS.FTG.I-BTR.AUFT PLAN EFF. F271 DELTA														
ENG.ASS.FTG.GROSSUMZ. PLAN EFF. F273 DELTA														
ENG.ASS.FTG.GEMEINKOST PLAN EFF. F590 DELTA														
ENG.ASS.VERTR.MESSEN PLAN EFF. F310 DELTA														
ENG.ASS.VERTR.GEMEINK. PLAN EFF. F390 DELTA														
ENG.ASS.MONT.-AUFTRAG PLAN EFF. F263 DELTA														
ENG.ASS.MONT.GEM.KOST. PLAN EFF. F490 DELTA														
FUER ANDERE UGR PLAN EFF. F7XX DELTA														
TOTAL RD&E PLAN EFF. DELTA														
ERGEBNISWIRKSAME POS. PLAN EFF. DELTA														
ANDERE POSITIONEN PLAN EFF. DELTA														

Sachregister

Abweichung 16, 27, 43 ff., 57, 60, 89, 110
Aktivierung 13, 46, 48, 53 f., 68 f., 74 f.
Alternativen 12
Anteil F&E
- am Sozialprodukt 4
- am Umsatz 5
Anweisung 20, 90
Arbeitspaket 16, 24, 40
Arbeitsvorbereitung 80, 82
Auftragsnummer 39, 69, 74
Auftragssteuerung 24
Aufwand 12, 22, 39, 48, 53 f., 61, 69, 71 f., 78, 89

Beratung 1, 8 f., 64
Berichtswesen 21, 54 ff., 71, 112
Betriebliches Rechnungswesen 29, 73 f.
Betriebsrat 11, 82, 89
Betriebswirtschaft 4, 10, 77, 79, 81
Bewertung 1, 8 f.
Bilanz 13, 37, 48, 67 f., 75, 90
Budget 12, 15, 21, 24, 42, 55, 63

Commitment 25, 52, 110
Contract Administration 71
Cost Center 6, 58, 84

Datenverarbeitung 20 f., 24, 37 f., 40, 42 f., 52, 55, 58, 60, 74 f., 90
Deckung (der F&E-Kosten) 84
Dienstleistung 32 f., 35

Effizienz 14, 26, 34, 78, 81 f., 86 f.
Entscheidung 9, 11, 13 f., 19, 28, 31, 54
Entwicklungsauftrag 23 f., 39, 45, 89
Entwicklungsbestände 48, 68 f., 71
Entwicklungszuschuß 14, 46 f., 56, 72
Ergebniswirksamkeit 13 f., 15, 55
Estimate to completion 25

Finanzierung 21 ff., 29, 46 ff., 73
Finanz- und Rechnungswesen 8, 25, 58, 73 f.
Fixkosten 30, 35
Fremdleistung 38 f., 97 f.

Gemeinkosten 30, 35, 39 f., 43, 55, 58, 73
Gerätegeneration 13
Gewinn- und Verlustrechnung 25, 67, 69, 110
Gläubigerschutzprinzip 67, 69, 75
go-/no-go-decision 14, 89
Grundfehler 89 f.

Hard-/Soft-Spot 44 f., 52 f., 62 f., 108
Hardware 22, 49, 68, 71 f., 77, 79, 81, 90

Immaterielles Wirtschaftsgut 75 f.
Informationsbeschaffung und -verwendung 1, 8, 54, 82
Input 26, 28 ff., 32, 34, 78
Invest 39, 48 ff., 55 f., 61, 100, 109

Joint Ventures 67, 83 f., 90

Kalkulation 53, 84 f.
Konsortium 84, 87, 90
Kontrakt 13, 15, 48, 68, 70 f., 84 f.
Kontrolle 15 f., 19, 21, 24, 26, 39 f., 60, 77
Kooperationen 67, 83 f., 90
Kosten 13, 21, 24, 26, 29 ff., 46, 52 f., 58 ff., 68 f., 71 f., 80, 84 f.
Kostensenkung 43 f.
Kostenstelle 31, 34 ff., 52, 73 f., 82, 86

Leasing 49, 51, 53, 65
Leasingkräfte 14, 41, 64
Lebenszyklus 7
Leistung 21 f., 24 f., 26 ff., 29 ff., 35, 38 f., 46, 48, 54, 58 f., 73, 78, 80, 86, 90, 105, 107,
Lohmann-Ruchti-Effekt 8

Make or buy 83
Management 14, 28, 54, 90
Mannjahr 28, 60
Meilenstein 24, 31, 55, 58 f., 61, 77
Mengengerüst 28 f., 60
Mittelallokation 12 ff.

Nebenrechnung 71, 73
Netzplantechnik 22, 24, 111
Nutzwertverfahren 12 f.

Operationalisierung 13
Optimierung 9 f., 15, 49
Organisation 17 ff., 82
Qutput 26, 78, 81

Patente, Lizenzen 67, 83 f., 86 f., 90
Personalplanung 26 ff., 41, 90, 96, 108
Personenjahr 27
Planung 2, 11, 14, 19 f., 22, 24, 26 f., 32, 51, 59 f., 63 f., 80, 89
Portfolio 15
Produktinnovation 7

Produktion 2, 77, 79
Produktivität 77f.
Profit Center 6, 86
Projekt
– Entwicklungsprojekt 12ff., 21f., 24, 30f., 39f., 46, 49f., 57ff., 62, 73, 85, 89, 90, 110
– Investitionsprojekt 50f.
Projektcontrolling 25, 59f., 62

Qualifikationsstruktur 6, 27f., 82

Rechnungslegungsvorschriften 74
Regelkreis 15f., 19
Ressourcen 6, 15, 17, 21, 26, 28, 30, 43, 60

Sammelauftrag 34
Schnittstelle 22, 82
Software 14, 22, 39, 43, 68, 70ff., 75ff., 79
Sonderbetriebsmittel 71
Sonderkosten 30, 37, 39f., 73
Spin-off 13f., 59, 85
Standard 15, 59, 81
Standardvorhaben 34
Steuerung 11, 15f., 19f., 26, 39f.
Strategische Planung 11, 24, 63

Stundenaufschrieb 72, 106
Stundenverrechnungssatz 23f., 27ff., 34ff., 43

Termin 21f., 24ff., 28, 55, 58f., 73, 80
Testanlagen 53f., 72f.

Überstunden 35, 41, 43, 90
Umfeld (nationales, internationales) 4f.
Umlagen 33f., 73

Variable Kosten 11, 35, 37
Verfahren 19, 21f., 24
Vertragsstrafe 14
Verwaltung 8f., 19, 90
Vorschau 25, 44f., 56, 62

Wertgerüst 29, 60
Wertschöpfung 4
Wirtschaftlichkeit 9, 50f., 53

Zeitmanagement 77f., 110
Zentralentwicklungsumlage 14, 47, 74
Zero-Base-Budgeting 37f., 89
Ziele 2, 14ff., 43f., 49, 55, 60, 89
Zuwendung 46ff., 70f., 84

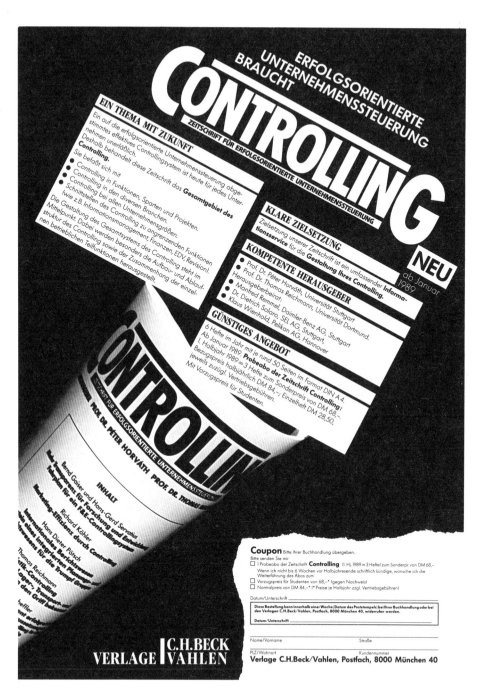